Selbstbestimmt älter werden

# Glücklich **wohnen** im Alter

Welche Lebensform ist die beste für mich?

WALTRAUD RIES

Die weiße Reihe

alcorde

# Inhalt

Alle in diesem Buch aufgeführten Links und weiterführenden Informationen und Publikationen zum Download finden Sie auch auf unserer Verlagswebseite unter:

➤ www.alcorde.de/service/links-und-downloads

# Vorwort

*Wir wohnen nicht, um zu wohnen,*
*sondern wir wohnen, um zu leben.*
PAUL TILLICH
Ev. Theologe und Religionsphilosoph

Wohnen ist ein Grundbedürfnis, ja sogar ein Grundrecht (Grundgesetz für die Bundesrepublik Deutschland, Die Grundrechte, Artikel 13 (1): Die Wohnung ist unverletzlich.) Es gibt kaum jemand in unserem Kulturkreis, dem seine Wohnsituation völlig egal ist. Im höheren Alter wird das Wohnen immer wichtiger, da man mehr Zeit zu Hause verbringt und aus den unterschiedlichsten Gründen mehr Ansprüche an Komfort und Wohlbefinden hat. Ein großer Einschnitt bedeutet das Ende der Berufstätigkeit, das den Menschen mehr Freiräume gibt, aber unter Umständen auch zu einer gewissen Vereinsamung führen kann und allein schon dadurch die Gedanken über neue Wohnformen anregt.

Auch die finanzielle Situation wird eine Rolle spielen. Ein gutes Leben im Alter mag jenen leichter fallen, die genügend Geld haben, gesund sind, einen Familien- und Freundeskreis haben sowie aktiv sind. Allerdings pflegen Menschen bis ins hohe Alter unterschiedliche Lebensstile und Vorlieben und haben keineswegs einheitliche Vorstellungen davon, was zu einem guten Leben gehört. Daher gibt es auch keine allgemein gültige Wohnform für ältere Menschen. Der eine möchte sich mehr zurückziehen, der andere sucht Gesellschaft. Die eine will aktiv mit gestalten, die andere muss vielleicht betreut werden.

Natürlich gibt es auch Gemeinsamkeiten bei den Wünschen an die Wohnform: Ältere Menschen wünschen sich meist ein Wohnen ohne Stufen, dazu eine gute Infrastruktur im Sinne von Einkaufsmöglichkeiten, Arzt und Apotheke in der Nähe und eine gute Anbindung an öffentliche Verkehrsmittel. Was nützt eine tolle, komfortable Wohnung, eventuell sogar in sich barrierefrei, wenn sie im fünften Stock eines Altbaus liegt und nur mit mühseligem Treppensteigen zu erreichen ist? Die Bewohner dieser Räumlichkeiten werden sich in ihre Wohnung zurückziehen und das Haus nur zu den allernotwendigsten Besorgungen verlassen. Eine Teilnahme am kulturellen Leben oder eine freundschaftliche Kontaktpflege wird sich dadurch auf ein Minimum beschränken. Eine durchgängige Barrierefreiheit (stufenloser Zugang, keine Türschwellen, bodengleiche Duschen, breite Türöffnungen ...) hingegen kommt nicht nur älteren Menschen zugute, sie ist auch sinnvoll für Mütter mit Kinderwagen, Rollstuhlfahrer, Kinder, Kranke etc.

Der Wunsch nach Eigenständigkeit ist bei den meisten Senioren sehr ausgeprägt, außerdem möchten sie gerne, soweit möglich, in ihrem gewohnten Umfeld bleiben.

Das alles ist machbar, die Möglichkeiten der Wohn- und Lebensgestaltung im Alter sind vielfältig und die Angebote manchmal fast zu unübersichtlich. Bezeichnungen wie Altersheim, Pflegeheim und Seniorenresidenz, Betreutes Wohnen sind in Deutschland nicht geschützt. Senioreneinrichtungen können daher ihren Namen frei wählen. Das erschwert die Orientierung. Auch sind die Übergänge zwischen den einzelnen Wohnformen fließend, zum Beispiel kann Betreutes Wohnen in einer Art Wohngemeinschaft stattfinden, Wohnen im Quartier kann Wohnen in einem Mehrgenerationenhaus sein.

Dieses Buch will die diversen Angebote entschlüsseln und erklären sowie weitergehende Informationen zu den Schlagworten liefern. Was hinter den nicht immer verständlichen Begriffen Wohnen mit Service, Mehrgenerationenwohnen,

Senioren-WG usw. steht, finden Sie in der Übersicht der Wohnformen in der Einführung. Die weiteren Kapitel sind den einzelnen Wohn- und Lebensformen gewidmet und veranschaulichen diese anhand von Beispielen, die aus dem Leben gegriffen, also nicht erfunden oder konstruiert wurden. Lediglich die Namen der in diesen Beispielen erwähnten Personen wurden aus Gründen des Personenschutzes von mir geändert.

Nicht jede Wohnform ist für jeden geeignet, eine Entscheidung will gut durchdacht sein. Für weitere Informationen sollen daher die Adressen und Links im Anhang dienen.

Mein besonderer Dank gilt Herrn Uwe Wolfs, Leiter einer stationären Einrichtung für Senioren in Mülheim an der Ruhr und Autor des Buches „Pflegebedürftig. Der Ratgeber“, für seine kompetente und kritische Mitarbeit an diesem Buch vor allem in den Kapiteln 7, 8 und 9. Ich danke auch den Expertinnen und Experten für ihre Beiträge sowie den ungenannten Helferinnen und Helfern, die mich in der Entstehungsphase dieses Ratgebers geduldig unterstützt haben.

Ihnen, liebe Leserinnen und Leser, wünsche ich eine barrierefreie Zukunft!

*Waltraud Ries*

# Einführung

## *Wohn- und Lebensformen im Alter Eine Übersicht*

In einer telefonischen Befragung der Altersgruppe über 50 der Medien- und Sozialforschung GmbH TNS Emnid Ende 2010/Anfang 2011 in der Bundesrepublik Deutschland wünschten sich die meisten Befragten im Alter ein sicheres, eigenständiges Leben mit zusätzlichen Hilfsangeboten. Zwei Drittel der Mieter und Eigentümer möchten auch im Alter ab 70 ein eigenständiges, selbstbestimmtes Leben in der eigenen Wohnung oder im eigenen Haus führen. Nur ein Drittel möchte umziehen, um ein eigenständiges Leben zu führen. Lieber wäre es jedem zweiten, das Haus oder die Wohnung umzubauen.

Die Studie „BFW – Wohnwünsche im Alter" wurde 2011 auf der BAU in München von Verbänden der Immobilienwirtschaft vorgestellt. Von den 1100 Befragten waren 500 Mieter und 600 Wohnungs- oder Hauseigentümer.

Dies sind einige der interessanten Ergebnisse der Studie:

- 90 Prozent aller Befragten wohnen seit mehr als fünf Jahren in ihrer jetzigen Wohnung/ihrem jetzigen Haus.
- Alternative Wohnformen sind für die jüngeren Befragten (ab 50) eher vorstellbar, als sie von den älteren (um 70) heute tatsächlich gelebt werden.
- Lediglich 15 Prozent der jüngeren Befragten können sich vorstellen, mit 70 in einem Pflegeheim oder in einer Seniorenresidenz zu leben.
- Von den Befragten, die in Haushalten mit drei und mehr Personen leben, können sich 53 Prozent vorstellen, mit mehreren Generationen unter einem Dach zu leben, von Befragten aus Ein-Personen-Haushalten lediglich 22 Prozent.

- Ist die aktuelle Wohnung nicht altersgerecht ausgebaut, würden 34 Prozent der Bundesbürger ab 50 Jahren erwägen, deshalb die Wohnung zu wechseln. Jeder zweite Befragte würde stattdessen lieber die Wohnung bzw. das Haus entsprechend umbauen.
- Sogar ein Viertel der Eigentümer kann sich einen Umzug vorstellen, um ihrem Alter entsprechend wohnen zu können und einem Verlust der Selbstständigkeit vorzubeugen. Je älter man ist und je länger man schon in der derzeitigen Wohnung lebt, desto weniger allerdings kommt ein Umzug infrage.
- Je älter die Befragten waren, desto wichtiger war ihnen der Erhalt der Selbstständigkeit.
- Wenn Bundesbürger ab 50 Jahren nach dem Alter gefragt werden, in welchem man in eine altersgerechte Wohnung ziehen sollte, äußern sich die meisten unbestimmt oder geben ein Alter ab 70 Jahren an (insgesamt 37 Prozent). Altersgerechtes Wohnen scheint weniger eine Frage des bloßen Lebensalters zu sein als des jeweiligen gesundheitlichen Zustands.
- Unbedingte Voraussetzungen für ein selbstständiges Leben im Alter sind nach Meinung der Befragten die Möglichkeit, Hilfe im Haushalt und bei der Pflege in Anspruch nehmen zu können, und Geschäfte, Ärzte und öffentliche Verkehrsmittel in unmittelbarer Nähe zu haben – 95 bzw. 94 Prozent der Befragten erachten dies als wichtig.
- Ungefähr jeweils acht von zehn Befragten sehen den Einbau altersgerechter Techniken und Kommunikationsmittel, einen barrierefreien Zugang zur Wohnung (82 Prozent) sowie eine barrierefreie Umgebung in der Wohnung (81 Prozent) als wichtige Voraussetzungen für ein selbstständiges Leben im Alter. Aktuell leben 90 Prozent aller Senioren mit Barrieren in den Wohnungen.
- Wenn es um die Art der Hilfe für ein selbstbestimmtes Leben geht, steht die Hilfe bei der Pflege ganz oben auf der Präferenzliste. Für 77 Prozent wäre ein solches Angebot wichtig.

*Das Fazit:*
Selbstbestimmung steht oben auf der Wunschliste, und vor allem ältere Menschen möchten gerne in ihrem gewohnten Umfeld, also ihrem angestammten Quartier bleiben (siehe dazu Kapitel 7).

Möglichst lange selbstbestimmt in der eigenen Wohnung/im eigenen Haus leben zu können entlastet auch die Sozial- und Pflegekassen. Daher mahnen vor allem Sozialverbände an, barrierefreies Bauen und Wohnen voranzutreiben.

### *Umbau oder Umzug?*

Oftmals hilft bereits ein Umbau des eigenen Heims oder eine Ausstattung mit Hilfsmitteln von der einfachen Toilettensitzerhöhung bis zum Einbau eines Treppenlifts, um als Senior weiter in der eigenen Wohnung bleiben zu können. Auch eine Mietwohnung kann in Absprache mit dem Vermieter umgebaut werden. Für Um- und Ausbauten gibt es geförderte Darlehen oder Zuschüsse (siehe dazu Kapitel 1 und 2).

### *Wohnen mit Service*

Diese Wohnform wird häufig auch als *Betreutes Wohnen* oder *Wohnen in einer Seniorenresidenz* bezeichnet. Hierbei werden, in unterschiedlichen Größen, seniorengerechte Apartments inklusive Küche und Bad zusammen mit einem bedarfsgerechten Betreuungs- und Serviceangebot (hauswirtschaftliche Hilfe, Fahrdienste etc.) vermietet. Betreutes Wohnen ist barrierefreies Wohnen mit zusätzlichen Serviceleistungen (siehe dazu Kapitel 3). Man muss sehr genau darauf achten, was angeboten wird. Oftmals erschöpft sich die „Betreuung“ in einem Notrufsystem, alles Weitere wie pflegerische Leistungen, falls vorhanden, kosten extra. In solchen Fällen ist man in einer „normalen“ Hochhauswohnung mit Hausmeisterservice und Aufzug und einem Rufknopf des Roten Kreuzes oder anderer Sozialeinrichtungen deutlich günstiger aufgehoben. Wenn das Konzept des Betreuten Wohnens aber gut umgesetzt wird, gibt es auch interessante Angebote wie ein Café im Haus oder den Bus vor der Tür, ein Schwimmbad im Gebäude, Sport- oder Gymnastikkurse und Kommunikationsmöglichkeiten mit den Mitbewohnern. Die Preise für Miete und Zusatzpauschale variieren je nach Größe der Wohnung und nach Zusatzangeboten von 700 bis deutlich über 2000 Euro. Gesetzliche Regelungen gibt es nicht.

Selbstbestimmung und Selbstständigkeit werden bei dieser Wohnform großgeschrieben. Je nach Grad der Pflegebedürftigkeit kann aber ein Umzug in ein Pflegeheim erforderlich sein, wenn die Versorgung nicht mehr gewährleistet werden kann. Einige Anlagen bieten eine angeschlossene vollstationäre Pflege in unmittelbarer Nähe an.

### *Wohngemeinschaften*

Der Umzug aus der gewohnten Umgebung kann aber genauso ein Umzug in eine Senioren-WG sein. Auch eine Senioren-WG ist eher für rüstige Menschen gedacht (siehe dazu Kapitel 5). Allerdings gibt es auch betreute Senioren-WGs, zum Beispiel Demenz-Wohngruppen. Hier leben pflegebedürftige Menschen in gemeinsam angemieteten Wohnräumen und werden von Pflegefachkräften und Betreuungskräften eines gemeinsam ausgewählten Pflegedienstes versorgt.

Über gemeinschaftliches Wohnen, also selbstständig in einer Wohnung zu wohnen, sich aber die Gemeinschaftsräume mit anderen, auch jungen Bewohnern zu teilen, informiert das Forum gemeinschaftliches Wohnen e. V., Hildesheimer Str. 20, 30169 Hannover, Telefon (05 11) 4 75 32 53, www.fgwa.de. Bei dieser Wohnform finanzieren und verwalten die Bewohner die Projekte selbst. Die gegenseitigen Hilfsleistungen werden individuell geregelt, basieren aber auf einem Geben und Nehmen, sind also nicht für weitgehend hilfsbedürftige Personen geeignet.

### *Mehrgenerationenhäuser*

Auch wenn die meisten Senioren nicht gerne umziehen möchten, ist eine immer größere Zahl von älteren Menschen bereit, sich im Alter noch einmal räumlich zu verändern, wenn ihnen dieser Umzug ermöglicht, selbstbestimmt alt zu werden. Das wäre zum Beispiel der Fall, wenn man das zu große Haus verkauft und in die Nähe oder ins Haus der Kinder/Enkel zieht. Natürlich muss dies vorher gut geplant werden, damit gegenseitig keine zu hohen oder falschen Erwartungen entstehen. Bei den Kindern zu wohnen würde der klassischen Art des Mehrgenerationenwohnens entsprechen. Mehrgenerationenhäuser sind aber nicht auf die familiäre Wohnsituation begrenzt, hier können sich wildfremde Menschen aller Altersstufen in einem Projekt zusammenfinden. Innerhalb dieser Art zu wohnen sind wiederum unterschiedliche Modelle vorstellbar: so kann man wirklich unter einem einzigen Dach wohnen oder Tür an Tür, auch eine Reihenhaus-Reihe wäre eine Wohnmöglichkeit (siehe dazu Kapitel 6).

### *Wohnen im Quartier*

Viele Menschen möchten im höheren Alter nicht mehr umziehen. Sie scheuen den Aufwand, vor allem aber möchten sie die gewohnte Umgebung, ihr Wohnviertel, ihren Stadtteil, ihre Siedlung oder ihr Dorf nicht verlassen. Das gilt vor allem für diejenigen, die Wohneigentum besitzen.

Immer mehr Kommunen propagieren „Wohnen im Quartier“ und suchen nach Lösungen. Sie fördern die Entwicklung altersgerechter Wohnungen und unterstützen Betreuungsangebote wie Einkaufshilfe oder Fahrdienste, damit die Bewohner im Quartier, also ihrem gewohnten Wohnviertel, bleiben können (siehe dazu Kapitel 7).

### *Pflegedienste, die ins Haus kommen – ambulante Pflege*

Im höheren Lebensalter nehmen Mobilitätseinschränkungen zu. Diese erschweren den Alltag und können die selbstständige Lebensführung gefährden. Über die Hälfte der 70- bis 85-Jährigen kann sich nicht mehr problemlos beugen, bücken oder hinknien. Bereits jede fünfte Person im Alter zwischen 40 und 54 Jahren berichtet über erste Probleme beim Beugen, Knien oder Bücken. Das kann bedeuten, dass man beispielsweise nicht in der Lage ist, sich selbst anzuziehen.

Hier können (zugelassene) ambulante Pflegedienste helfen. Ihre Mitarbeiter kommen regelmäßig in die Wohnung/in das Haus des Pflegebedürftigen, um Grundpflege zu leisten oder Behandlungs- und Verhinderungspflege sowie eine hauswirtschaftliche Versorgung zu erbringen (siehe dazu Kapitel 9).

Bei dieser Art der täglichen Unterstützung kann der Pflegebedürftige in seiner gewohnten Umgebung bleiben. Je nach Grad der Pflegebedürftigkeit kann jedoch früher oder später ein Umzug in eine Senioreneinrichtung erforderlich sein.

Die Kosten der ambulanten Pflege, Pflegesachleistungen genannt, variieren je nach Pflegebedürftigkeit. Die Pflegeversicherung bezahlt entsprechend der Einstufung in die Pflegestufe. Die monatlichen Pauschalen der Pflegeversicherung sind deutlich niedriger, wenn zum Beispiel Angehörige pflegen. In diesem Fall spricht man von Pflegegeld. Leistungen der ambulanten Pflege werden nur bis zu Höchstgrenzen finanziert. Alles Weitere ist privat zu bezahlen.

### *Teilstationäre Pflege/Tagespflegeeinrichtung*

Die teilstationäre Pflege bzw. Betreuung eignet sich, ähnlich wie die Kurzzeitpflege, vor allem für Senioren, deren Angehörige Unterstützung bei der Pflege brauchen, da sie zeitweise verhindert sind, etwa tagsüber arbeiten gehen müssen.

Auch für die Pflegebedürftigen bietet die teilstationäre Pflege einige Vorteile: Insbesondere werden hier der Aufbau und die Pflege von sozialen Kontakten gefördert und es werden Unterhaltungsprogramme oder Aktivitäten angeboten. Die teilstationäre Pflege kann tagsüber oder nachts (hier gibt es zurzeit allerdings nur sehr wenige Angebote in Deutschland) stattfinden. Voraussetzung ist, dass die Pflegebedürftigen transportfähig und nicht bettlägerig sind. Für einen Fahrdienst ist aber gesorgt.

### *Kurzzeitpflege – zeitlich begrenzte Pflege in einer entsprechenden Einrichtung*

Diese Art der Unterbringung ist als Zwischenlösung gedacht. Sie kommt infrage, wenn zum Beispiel pflegende Angehörige verhindert sind oder auch einmal Urlaub machen möchten, oder als Überbrückung, bis man einen Platz in einer ausgewählten Senioreneinrichtung erhält. Auch bei vorübergehender Krankheit oder nach einer Operation von sonst rüstigen, aber alleine lebenden Senioren kann eine Kurzzeitpflege eine Zwischenlösung sein, bis er oder sie wieder alleine leben kann. Bei vorliegender Pflegestufe übernimmt die Pflegeversicherung Kosten pro Kalenderjahr bis zu vier Wochen und bis zur Obergrenze von 1550 Euro. Weitere Aufwendungen müssen privat bezahlt werden.

### *Vollstationäre Einrichtungen*

Solche Einrichtungen bieten Pflege und Versorgung für alle Pflegestufen rund um die Uhr. Sie werden unter den verschiedensten Namen geführt: früher vor allem als Altenheim, Altenpflegeheim oder Altersheim, heute auch gerne als Seniorenzentrum oder -residenz. Viele Menschen sehen solche Einrichtungen als „Endstation“ an, wenn nichts anderes mehr geht. Das ist eine ziemlich negative Betrachtungsweise, denn diese Heime haben viele Vorteile: Senioren, die zuvor alleine und einsam gelebt haben, werden hier dazu animiert, Kontakte innerhalb der Einrichtung aufzubauen und zu pflegen. Viele dieser Pflegeheime bieten, neben der medizinisch und pflegerisch notwendigen Versorgung, ein großes Angebot an Beschäftigungsmöglichkeiten und Aktivitäten von der Gymnastik bis zum Denksport, vom Basteln bis zum gemeinsamen Singen. Die Betreuung erfolgt rund um die Uhr (siehe dazu Kapitel 8 und 9).

Vollstationäre Einrichtungen unterlagen bisher dem Heimgesetz, einem bundesweit gültigen Gesetz. Seit 2008 ist dieses nach und nach durch unterschiedliche Gesetze in den jeweiligen Bundesländern ersetzt worden. Auf Landes- und Bundesebene existieren Richtlinien zur Qualitätssicherung und Qualitätskontrolle durch die Aufsichtsbehörden der Kommunen und den Medizinischen Dienst der Krankenversicherung.

Die Leistungen von stationären Einrichtungen sind in Deutschland geregelt. Die Kosten können allerdings sehr unterschiedlich sein. Unterkunft, Verpflegung und Betreuung sind im Heimentgelt immer enthalten. Die Preise liegen zwischen 2000 und 4500 Euro pro Monat und sind abhängig von der Pflegestufe, vom Komfort und vom Tagessatz der Einrichtung, der zwischen der Einrichtung und der zuständigen Pflegekasse verhandelt worden ist. Die Pflegeversicherung beteiligt sich, je nach Pflegestufe, mit bis zu 1550 Euro in der Pflegestufe 3 monatlich.

Die Differenz zwischen Kosten für das Heim und Leistungen aus der Pflegeversicherung ist als Eigenanteil privat zu bezahlen. Wer diesen Eigenanteil nicht aufbringen kann und keine unterstützenden Angehörigen hat, kann einen Antrag auf Sozialhilfe beim Sozialamt stellen.

In manchen Heimen kann man als Ehepaar eine eigene Wohnung beziehen, nur eine Küche gibt es – vor allem aus Sicherheitsgründen – meistens nicht. Oft kann man das neue Zuhause beim „Probewohnen“ kennenlernen.

Wichtig ist eine rechtzeitige Entscheidung oder Vorreservierung, denn lange Wartelisten sind keine Seltenheit. Diese Pflegeheime/Pflegezentren bieten auch oft Kurzzeitpflege und Tagespflege an, manchmal ist sogar die Möglichkeit zum Betreuten Wohnen angegliedert.

*Informationen über Pflegeheime*

Bundesinteressenvertretung der Nutzerinnen und Nutzer von Wohn- und Betreuungsangeboten im Alter und bei Behinderung e. V.
BIVA
Vorgebirgsstraße 1
53913 Swisttal
Telefon: (0 22 54) 70 45
E-Mail: info@biva.de
www.biva.de

Zum Thema Pflege informiert umfassend das Buch „Pflegebedürftig. Der Ratgeber“ von Uwe Wolfs, alcorde verlag, Essen 2010, ISBN 978-3-939973-50-8 (siehe auch die Anzeige hinten im Buch).

Für die Links sowie für den Download von weiterführenden Informationen und Publikationen siehe auch unsere Verlagswebseite:

➤ www.alcorde.de/service/links-und-downloads

1

# Barrierefrei ins Alter – machen Sie Ihr Haus seniorengerecht

- Umbau statt Umzug
- Bauliche Lösungen
- Neubau / Neuerwerb

Sie haben ein Haus mit zu vielen Treppen oder Ihre Wohnung hat zu schmale Türöffnungen, um mit einem Rollstuhl darin zurechtzukommen? Wie kann man diese Probleme lösen?

Hier zwei Beispiele:

*Das Ehepaar Schmidt hat kürzlich seinen 60. Hochzeitstag gefeiert. Sie sind beide über 80 Jahre alt und leben in einer Kleinstadt bei Stuttgart. Die Verkehrsanbindung ist nicht sonderlich gut. Sie leben zu zweit auf drei Etagen in einem Dreifamilienhaus, das sie gemeinsam mit Frau Schmidts Bruder und ihren Eltern 1952/53 gebaut haben. Das Haus ist, entsprechend dem damaligen Standard, nicht altersgerecht ausgebaut. Obwohl sie beide noch sehr rüstig sind, wird ihnen die Arbeit in Haus und Garten langsam zu beschwerlich. Nicht nur das: Ursprünglich hatten die Wohnungen im Haus nur Toiletten, gebadet wurde in der Waschküche. Nach einigen Jahren wurden Bäder nachgerüstet, jedoch sind diese so winzig, dass nur eine Sitzbadewanne darin Platz gefunden hat. Die Sitzbadewannen wiederum haben einen so hohen Einstieg, dass man sie regelrecht erklettern muss. Diese potenzielle Unfall- und Gefahrenquelle sollte zumindest entschärft werden.*

*Herr Schmidt würde gerne das Haus verkaufen und in eine Etagenwohnung im Betreuten Wohnen ziehen. Frau Schmidt wehrt sich vehement dagegen, die lieb gewonnene und vertraute Umgebung zu verlassen.*

*Bis vor Kurzem hat das Ehepaar alle Aufgaben rund um das Haus teils alleine, teils mithilfe guter Nachbarn bewältigt, nun haben sie zumindest eine Hilfe für den Garten engagiert. Sicherlich könnten die beiden mehr Unterstützung organisieren, angefangen vom Winterdienst, den bislang eine freundliche Nachbarin erledigt, bis zu einer Haushaltshilfe. Was aber wird, wenn Frau Schmidt die Treppen in den zweiten Stock nicht mehr bewältigen kann, wenn Herr Schmidt als Autofahrer ausfällt? Herr Schmidt sieht mit äußerst gemischten Gefühlen in die Zukunft.*

*Für Frau Schmidt ist eine Wohnform wie Wohnen im Hochhaus oder Betreutes Wohnen oder gar eine Wohnung in einem Seniorenheim unvorstellbar. Sie würde nicht nur ihre gewohnte Umgebung vermissen, sondern auch den Platz im Haus und den Garten. Ihren Wünschen für das weitere Leben kann nur durch einen Umbau des Hauses entsprochen werden.*

*Warum zog Familie Berger senior aus dem großen Haus aus, das sie sich bislang mit der Tochter und deren Mann und Sohn teilte? Vertragen sie sich nicht mehr? Ganz im Gegenteil – das Ehepaar Berger zog völlig freiwillig aus, worüber ihre Tochter nicht gerade begeistert ist. Verstehen kann sie es aber schon: Ihre Eltern sind nun knapp über siebzig und wollen es im Alter einfach bequemer haben. Es fiel ihnen auch nicht leicht, aus der gewohnten Umgebung wegzuziehen, denn sie hängen an ihrem Enkel und kennen ihre Nachbarn schon seit Jahrzehnten. Doch das Haus ist alt und nicht besonders komfortabel, denn erbaut wurde es in den 1920er-Jahren von den Eltern von Frau Berger senior. Es liegt, zwar mit toller Aussicht, aber auch mit vielen steilen Treppen, in einer begehrten Hanglage einer Gemeinde bei Stuttgart. Was aber nützt der schönste Ausblick, wenn die Treppen zu mühevoll, gar gefährlich geworden sind? Wenn die Gartenarbeit nicht mehr bewältigt werden kann?*

*Herr und Frau Berger sind in eine große, bequeme Wohnung gezogen, die sie vor ihrem Einzug noch barrierefrei, also ohne Stolperfallen und rollstuhltauglich gestalten ließen. Da die Wohnung im ersten Stock liegt, überlegen sie, ob sie noch einen Außenlift anbringen lassen sollen, baulich wäre das möglich. Außerdem wurde das Badezimmer mit rutschfesten Belägen und einer eben begehbaren Dusche ausgestattet. Noch sind Herr und Frau Berger rüstig und mobil, daher werden sie sich weitere Umbaumöglichkeiten fürs fortgeschrittene Alter noch offenlassen, aber diese schon einplanen.*

*Sie wohnen nun nach dem Umzug nicht allzu weit von ihrer*

*Tochter entfernt, der Enkel kann jederzeit zu Besuch kommen. Die Aussicht ist nicht mehr so schön, aber die Einkaufsmöglichkeiten für den täglichen Bedarf liegen deutlich näher und sind sogar zu Fuß erreichbar, wenn es mit dem Autofahren später einmal nicht mehr so klappen sollte.*

## Umbau statt Umzug

Auch Sie haben wie Familie Schmidt ein schönes Haus, in dem Sie sich wohlfühlen? Auch Sie wollen nicht umziehen, weil Ihnen Ihre Nachbarschaft und die Lage des Hauses gefallen? Sie haben Ihr ganzes Leben in diesem Haus verbracht und möchten auch im Alter in der gewohnten Umgebung bleiben?

Zugegeben, meist ist so ein Familienwohnhaus zu groß für ein bis zwei Personen. Es macht mehr Arbeit als eine Etagenwohnung, aber es macht den Bewohnern vielleicht auch mehr Freude. Wer sein Leben lang im eigenen Garten gearbeitet hat, wer sein eigenes Gemüse und Obst angebaut hat, der möchte nicht in eine Etagenwohnung ziehen. Man ist das großzügige Platzangebot gewohnt, mag sich räumlich nicht einschränken müssen. Möchte vielleicht auch keine Rücksicht auf die Nachbarn nehmen müssen, wenn man laut Musik hören will oder wenn die Enkelkinder zu Besuch kommen.

Was aber kann man tun, wenn die Treppen im Haus zu beschwerlich werden, wenn das Putzen Mühe macht ebenso wie das Rasenmähen?

Hilfe kann man sich auf vielerlei Arten ins Haus holen, angefangen vom Gärtner über die Putzhilfe bis zur Haushälterin. In die Einliegerwohnung könnte eine Pflegekraft einziehen. Aber auch kleine Dinge schon können das Leben erleichtern: Die Hemden bügelt die Reinigung, das Essen liefert ein Catering-Service oder das Restaurant in der Nachbarschaft. Einkäufe werden vom örtlichen Einzelhandel ins Haus gebracht, für Reparaturen gibt es Handwerker oder auch die Nachbarschaftshilfe. Zur täglichen Gesundheits- oder Körperpflege kann ein Pflegedienst ins Haus kommen.

Das Haus selbst, so schön es auch sein mag, kann aber zum größten Problem werden. Das Treppensteigen wird anstrengend, die Badezimmertür ist zu schmal für einen Rollator oder Rollstuhl, die Arbeitsplatte in der Küche ist zu hoch, um sitzend daran zu arbeiten. Auch für diese Probleme gibt es Lösungen – von ganz einfachen und unaufwendigen Hilfsmitteln wie einer Toilettensitzerhöhung oder einem Badebrett bis zum Einbau eines Treppenlifts. Die Angebote sind vielfältig und dem Laien oft nicht bekannt. Schauen Sie sich doch auf einer Baumesse um oder informieren Sie sich bei den örtlichen Beratungsstellen. Achten Sie auch darauf, nur Architekten und Handwerker zu beschäftigen, die sich auf dem Gebiet „Wohnen im Alter“ auskennen und weiterbilden.

## Bauliche Lösungen

### *Eingangsbereich*

- Wege zum Haus müssen möglichst rutschfest und breit sein, gut ausgeleuchtet und mit einem Geländer versehen.
- Deutlich besser und leichter zu begehen als Treppen sind Rampen, die den Eingangsbereich von außen erschließen.
- Die Hausnummer sollte immer, auch bei Nacht, gut lesbar sein, damit Taxifahrer oder Arzt/Krankenwagen in einem Notfall schnell den Weg finden.
- Die Klingeln sollten in Greifhöhe eines Rollstuhlfahrers angebracht werden, Namensschilder sollten gut lesbar sein.
- Ein Videoüberwachungssystem oder elektronische bzw. biometrische Zutrittskontrollsysteme geben Sicherheit.
- Moderne Zusatzschlösser mit oder ohne Alarmfunktion wirken einbruchhemmend.

- Bodengleich eingelassene Türmatten vor den Haus- und Wohnungstüren sind keine Stolperfallen.
- Türschwellen, auch zu Balkonen und Terrassen, können eingeebnet werden, um die Stolpergefahr zu vermindern.
- Haustüren können für Menschen mit geschwächter Muskulatur oder Rollstuhlfahrer mit pneumatischem Türantrieb bedienungsfreundlich eingerichtet werden.

*Treppen*

- Der Zeittakt der Treppenhausbeleuchtung darf nicht zu kurz eingestellt werden.
- Orientierungsleuchten oder Steckdosen mit integrierten Orientierungsleuchten bzw. eine gute Ausleuchtung und griffige Handläufe erhöhen die Sicherheit ebenso wie rutschfeste Treppenbeläge.
- Treppenlifte sind wohl jedem aus der Werbung bekannt. Sie sind allerdings nicht für jedes Treppenhaus geeignet, der Trend geht heute zu Senkrechtliften, die mit einem guten Architekten oft recht einfach nachgerüstet werden können. Wer plant, erst später einen Senkrecht-Lift einzubauen, kann hierfür bereits beim Bau eines Hauses in jedem Stockwerk einen Haushalts-/Abstellraum einrichten, der später als Aufzugsschacht Verwendung finden kann.
- Bedenken Sie beim Einbau eines Aufzugs auch, dass sowohl Grundfläche als auch Türbreite rollstuhltauglich sein müssen. Vorhandene Lifte können gut mit Klappsitzen und Handläufen nachgerüstet werden. Die Bedienungsknöpfe sollten auch für Kinder und Rollstuhlfahrer erreichbar sein. Hilfreich sind auch große, ertastbare Zahlen für die Stockwerke. Wenn Sie eine Eigentumswohnung in einem Mehrfamilienhaus mit Aufzug haben, können Sie Ihre diesbezüglichen Wünsche bei der Eigentümerversammlung ansprechen.

*Wohnbereich*

- Wer viel Zeit zu Hause verbringt, weiß ein komfortables Umfeld, in dem er sich wohlfühlt, zu schätzen. Hier gilt es, Schönheit, Design, persönliche Vorstellungen und sinnvolle, hilfreiche Technik zu verbinden. Oft sind es kleine Veränderungen, die das Leben erleichtern können. Wenn Sie über die Anschaffung einer neuen Sitzgarnitur nachdenken, denken Sie an höhere Sitzflächen oder schauen Sie sich doch auch einmal Sessel mit integrierter Aufstehhilfe an. Für Menschen mit Knie- und Rückenproblemen kann ein solches Sitzmöbel ein echter Gewinn an Lebensqualität sein. Manche dieser Sessel verfügen über Wärmekissen oder Massagefunktionen.
- Manchmal hilft auch Weglassen: Teppiche und Brücken, so schön sie auch sein mögen, sind oft Stolperfallen. Ein Sturz im Alter kann fatal sein – lassen Sie lieber Teppichboden oder besser noch leicht zu reinigendes Parkett oder Laminat verlegen.

*Fenster*

- Zu hoch liegende Fenstergriffe sollte man nicht in einem Balanceakt zu erreichen versuchen – denken Sie daran, dass die meisten Unfälle im Haushalt passieren! Es gibt ganz einfache Hilfsmittel, die diese potenzielle Gefahrenquelle ausschalten können: Eine Fenstergriffverlängerung für schwer zugängliche Fenster ist nicht nur für Rollstuhlfahrer, sondern auch für alle, die in hohen Altbauräumen wohnen, zu empfehlen.
- Mit Elektrofenstern, beispielsweise im Dachgeschoss, die über Funk-Fernbedienung und Regensensor verfügen, kann komfortabel von jedem Raum des Hauses aus gelüftet werden.
- Jalousien und Markisen lassen sich mit einem elektrischen Antrieb nachrüsten und sind dadurch leichter zu bedienen.
- Rollläden sollten gegen Hochschieben von außen gesichert werden. Die Polizei berät diesbezüglich gerne, schauen Sie einfach ins Internet unter www.polizei-beratung.de →Themen und Tipps →Diebstahl und Einbruch oder wenden Sie sich an

das örtliche Polizeirevier bzw. gleich an die kriminalpolizeilichen Beratungsstellen.

*Küche*

- Höhenverstellbare Schränke und Arbeitsplatten werden heute von vielen Küchenherstellern angeboten. Küchen können barrierefrei nach Maß geplant werden, aber schon der Einbau von Herd und Kühl-/Gefrierschrank auf Augenhöhe kann sehr hilfreich sein, wenn man sich nicht mehr gut bücken kann.
- Es muss nicht unbedingt eine neue Küche sein, mit einfachen Änderungen wie der Absenkung oder Anhebung einer Arbeitsplatte wird schon ein großer Gewinn an Komfort erreicht.
- Zunächst aber muss die bequemste Arbeits- und Greifhöhe individuell ermittelt werden. Arbeiten zwei Menschen verschiedener Größe in einer Küche, können variable Arbeitshöhen sinnvoll sein.
- Auch kleine Haushaltsgeräte wie ein elektrischer Dosenöffner können Menschen mit Beschwerden wie Rheuma in den Händen helfen, den Haushalt alleine zu bewältigen.
- Neue Armaturen, etwa leichtgängige Einhebelmischer mit Verbrühschutz (automatischer Temperaturbegrenzung) und einer ausziehbaren Brause oder Heißwasserzapfstellen erleichtern die Küchenarbeit ebenso wie eine gute Beleuchtung.
- Die Beinfreiheit für die Arbeit im Sitzen ist zu berücksichtigen, Schubladen müssen leichtgängig sein.
- Rollenstühle, die für die Küchenarbeit benutzt werden, sollten unbedingt über eine gute Bremsvorrichtung mit Handhebel verfügen.

*Bad*

- Das Badezimmer ist meist ein Brennpunkt und Kostentreiber bei Um- und Ausbauten. Gerade in älteren Häusern sind die Bäder bei Weitem nicht alters- oder behindertengerecht. Oft sind sie zu klein, die Türen zu schmal, die Heizung nicht ausreichend. Heutzutage, da man ein Badezimmer nicht nur als notwendigen Nutzraum, sondern als angenehmen Lebensbereich betrachtet, reicht es nicht aus, eine kleine, enge Duschkabine in eine Ecke eines dunklen Raumes zu quetschen. Vielleicht lässt sich der Raum nicht ohne Aufwand vergrößern, aber besser und sinnvoller einrichten lässt er sich sicherlich.

- Schon mit ergonomisch angebrachten festen Haltegriffen (zum Beispiel neben der Toilette als Aufstehhilfe oder in der Duschkabine), rutschfesten Böden (kleine Fliesen sind besser als große), Anti-Rutsch-Streifen in Wanne und Duschwanne und leichtgängigen Armaturen mit Verbrühschutz lässt sich ein großer Fortschritt erzielen. Alle diese Hilfsmittel werden von vielen Herstellern angeboten. Mehr Sicherheit im Bad bedeutet einfach auch, dass man länger selbstständig in der gewohnten Umgebung bleiben kann.
- Badewanne/Dusche: Eine leicht zugängliche (Sitz-)Badewanne (eventuell mit einem Badewannen-Lift) oder eine Badewannen-/Duschkombination mit ebenem Zugang oder auch eine bodengleiche, trittsichere Dusche ohne Stolperfallen und mit Platz für einen Duschhocker oder einen Wandklappsitz verringern die Sturzgefahr im Bad. Falls ausreichend Platz zur Verfügung steht, sollte man auf eine Rollstuhltauglichkeit der Dusche achten: Türen und Grundfläche sollten ausreichend breit (mindestens 90 cm) bzw. groß (mindestens 1,50 x 1,50 m) sein, um mit dem Rollstuhl hineinfahren zu können, die Armaturen müssen auch aus sitzender Position zugänglich sein.
- Waschtisch: Am abkippbaren bzw. höhenverstellbaren Waschtisch (mit verstellbarem Kippspiegel) kann man sich im Sitzen oder Stehen waschen, rasieren, schminken. Eine Armatur mit herausziehbarem Brauseschlauch erleichtert das Haarewaschen am Waschbecken. Auch berührungsfreie Armaturen können hilfreich sein.
- Toilette: Eine ganz einfache und zudem preiswerte Möglichkeit, die Benutzung der Toilette zu erleichtern, ist die Erhö-

hung des Toilettensitzes durch einen Aufsatz, der, wie viele andere Hilfsmittel auch, oft sogar von den Kranken- oder Pflegekassen bezahlt wird. Wesentlich aufwendiger, aber sehr komfortabel, ist eine mechanisch oder elektrisch verstellbare Toilette, die auch nachgerüstet werden kann.

- Wichtig ist bei allen Produkten die Funktionalität, Robustheit und die leichte Bedienbarkeit. Außerdem sollten sie leicht zu reinigen sein.

*Schlafzimmer*

Ein gesunder Schlaf ist gerade im Alter besonders wichtig. Entspannung und Regeneration kann nur im guten Bett stattfinden, wenn Schlafstörungen auf ein Minimum begrenzt werden.

- Oft genügt es schon, etwas höhere Betten (sogenannte Seniorenbetten) anzuschaffen, die den Ein- und Ausstieg erleichtern. Es gibt sogar Einbausysteme, die das vorhandene Bett mittels eines Hubsystems erhöhen, ohne dass man gleich ein neues Möbelstück anzuschaffen braucht.
- Der Möbelhandel bietet ein breit gefächertes Sortiment an Seniorenbetten an. Diese höheren Betten sind mit vielen technischen Raffinessen ausgestattet, so können zum Beispiel die Lattenroste am Kopfteil oder mit Knieknick elektrisch verstellt werden.
- Solch ein elektrisch verstellbarer Lattenrost ist in Krankheitsfällen sehr hilfreich, da man dann Kopf- und Fußteil, auch als Aufstehhilfe, selbstständig verstellen kann.
- Eine gute Matratze versteht sich von selbst. Bei Rückenschmerzen sollte es eine spezielle Gesundheitsmatratze sein, die für Druckentlastung sorgt. Medizinische Matratzen können auch in der Pflege gegen Wundliegen und in der Schmerztherapie eingesetzt werden.
- Die Kosten für Pflegebetten können bei entsprechender medizinischer Indikation auch von Krankenkassen oder der Pflegeversicherung übernommen werden.

- Wer ein Pflegebett möchte, ohne dass eine ärztliche Befürwortung vorliegt, kann ein solches Bett gegen eine monatliche Gebühr auch beim Sanitätsfachhandel mieten.
- Wichtig sind aber auch vermeintlich unwichtige Dinge, die bei der Planung beachtet werden sollten: Das Bett sollte frei zugänglich sein, also nicht längsseits an einer Wand stehen, damit die Bettwäsche leichter gewechselt werden kann oder der Pflegende einen besseren Zugang zum Pflegebedürftigen hat.
- Wenn genügend Platz vorhanden ist, lohnt es sich für Paare auch, über die Einrichtung eines zweiten Schlafzimmers nachzudenken. Gerade bei Schlafstörungen oder wenn man nachts öfter aufstehen muss, wird der andere so weniger gestört. Falls es später einmal erforderlich sein sollte, könnte eine Pflegekraft in dieses zusätzliche Zimmer einziehen.

*Beleuchtung*

- Außerordentlich wichtig für die Sicherheit, vor allem in einem Haus mit mehreren Ebenen, ist die gute Ausleuchtung von Treppen und Räumen.
- Ein Zentralschalter im Eingangsbereich erspart es Menschen mit müden Beinen, im zweiten Stock nachschauen zu müssen, ob auch wirklich alle Lichter aus sind.
- Aus Sicherheitsgründen – damit das Haus während einer Abwesenheit bewohnt aussieht – empfiehlt sich der Einbau einer Zeitschaltuhr.
- Automatische Lichtschalter, die über Wärmebewegungen funktionieren, können Unfälle im Dunkeln verhindern.

*Technische Errungenschaften*

- Sie reichen vom Notrufsystem über den Bewegungsmelder bis zum vollelektronischen Haushalt. Gerade im technischen Bereich ist es wichtig, bereits bei der Planung eines Neubaus vorausschauend zu denken, um den Einbau spezieller Systeme zu einem späteren Zeitpunkt zu erleichtern. Nachrüstungen sind natürlich möglich, aber meist nur die zweitbeste und teurere Lösung.

- Unter dem Begriff „Smart Home" versteht man die Vernetzung des Haushalts. Diese Heimvernetzung kann sich, laut einer Verbraucherstudie des Verbandes der Elektrotechnik (VDE), jeder fünfte Bundesbürger vorstellen. Zwar sind es (noch) vor allem jüngere Menschen, die Elektrogeräte im Haus über den PC oder gar von unterwegs aus steuern würden, aber auch Ältere können sich durchaus mit diesem Gedanken anfreunden. Höherer Komfort und höhere Sicherheit sind gute Argumente für eine Vernetzung.
- Eine Schaltzentrale, die es den Bewohnern erlaubt, von einem zentralen Platz aus Haus oder Wohnung zu steuern und zu überwachen, ist relativ einfach zu bedienen und spart viele Wege im Haus. So kann man mit einer einzigen Fernbedienung Licht, Rollläden, Heizung, Alarmsysteme steuern und individuell regeln.
- Automatisch öffnende Türen – per Funkfernbedienung oder per Bewegungsmelder – erleichtern Rollstuhlfahrern den Zugang zu den einzelnen Räumen des Hauses, sie sind aber auch praktisch, wenn man „nur" beide Hände voll hat.
- Telefone mit integriertem Notruf, Telefone mit besonders großen Tasten, mit optischem Signal oder besonders lautem Klingelton erhalten die Kommunikationsmöglichkeiten.
- Zentralstaubsauganlagen verhindern, dass man den schweren, unhandlichen Staubsauger über mehrere Stockwerke schleppen muss.
- Wer ein Wäscheabwurfsystem hat, muss den schweren Wäschekorb nicht in die Waschküche tragen.
- Elektrische Garagentore sind heutzutage schon fast selbstverständlich.

Eine umfassendere Übersicht erhält man bei der GGT – Deutsche Gesellschaft für Gerontotechnik® mbH. Hier kann man sich im Internet, anhand von Broschüren wie dem umfassenden Katalog „Komfort & Qualität" und direkt in einer 1200-qm-Dauerausstellung („Forum für Generationen") bei Iserlohn über die Möglichkeiten informieren, die ein Haus altersgerecht machen. Der gut gemachte Katalog listet Herstelleradressen auf und ist auch im Internet zu finden unter www.komfort-und-qualität.de

GGT – Deutsche Gesellschaft
für Gerontotechnik® mbH
Max-Planck-Straße 5
58638 Iserlohn
Telefon (0 23 71) 95 95-0
Telefax (0 23 71) 95 95-20
info@gerontotechnik.de
www.gerontotechnik.de

Oft bieten auch städtische Ämter wie beispielsweise der Bürgerservice eine Wohnberatung an.

Finanzielle Unterstützung gibt es von der Pflegekasse sowie unter Umständen vom Sozialamt, außerdem zinsgünstige Darlehen (siehe dazu Kapitel 2). Der Zuschuss der Pflegekasse muss unbedingt vor Baubeginn beantragt werden.

Wer in einem gemieteten Objekt wohnt, muss sich vor eventuellen Umbauten mit dem Vermieter absprechen.

## Neubau / Neuerwerb

Vielleicht haben Sie aber auch das Gefühl, dass Ihr Haus zu groß geworden ist und dass Sie lieber in einem kleineren Haus oder in einer Wohnung leben möchten. Wenn Sie eine neue Immobilie bauen oder erwerben wollen, sollten Sie die Gelegenheit nutzen, diese gleich altersgerecht zu planen, auch wenn Sie sich noch fit und gesund fühlen. Diese überschaubaren zusätzlichen Investitionen tragen dazu bei, später möglichst lange selbstständig bleiben zu können.

*Der Bauingenieur empfiehlt:*
Planen Sie beim Neubau eines Hauses gleich für die Zukunft mit und achten Sie darauf, dass zumindest das Erdgeschoss barrierefrei zugänglich ist und der Grundriss bei späterem Bedarf so flexibel wie möglich gehandhabt werden kann. So kann später zum Beispiel ein Teil der Wohnung für eine Pflegekraft abgetrennt werden.
Sinnvoll ist es auch, eine Möglichkeit zur geschossweisen Trennung einzuplanen, das heißt, diese Aspekte des Brand-, Schall- und Wärmeschutzes gleich beim Bau zu berücksichtigen.
Alle Türen sollten von vornherein breit genug für Rollstühle sein – das erspart Ihnen später hohe Kosten für Wanddurchbrüche.

*Prof. Dr.-Ing. I. Belz, Tragwerksplaner*

Wegen des immer größer werdenden Anteils der Senioren an der Gesamtbevölkerung gibt es auch immer mehr Architekten, die sich auf seniorengerechtes Bauen spezialisiert haben. Viele Bauträger sind ebenfalls an dieser Zielgruppe interessiert und passen sich vermehrt deren Wünschen an.

Ein namhaftes, europaweit tätiges Wohnentwicklungsunternehmen erwartet in seinen Standardvorgaben für Planung von den Architekten, dass Wohnungen in Mehrfamilienhäusern barrierefrei erreichbar sein müssen und dass auch der Zugang zu Balkon oder Terrasse barrierefrei zu sein hat, also mit Hebeschiebetürelementen statt der üblichen Balkon-/Terrassentüren. Der Hauseingang und der Zugang von der Tiefgarage aus müssen ebenfalls stufenlos sein. Türbreiten von 1,01 Meter müssen optional als Sonderwunsch für barrierefreies Wohnen zu erhalten sein. Auch die Küchen müssen auf Wunsch barrierefrei geplant werden, das heißt, die Bewegungsfläche muss mindestens 1,20 x 1,20 Meter betragen. Dieselbe Größe und einen bodengleich gefliesten Duschboden soll eine barrierefrei geplante Dusche haben.

Das sind immerhin positive Ansätze, die hoffentlich Schule machen werden.

*Hier erhalten Sie weitere Informationen:*

Bundesarbeitsgemeinschaft
Wohnungsanpassung
Mühlenstraße 48
13187 Berlin
Telefon (0 30) 47 47 47 00
www.wohnungsanpassung-bag.de
(führt zu vielen weiteren Adressen)

Für die Links sowie für den Download von weiterführenden Informationen und Publikationen siehe auch unsere Verlagswebseite:

➤ www.alcorde.de/service/links-und-downloads

# 2

# Sie bauen um – lassen Sie sich dabei helfen

- Darlehen der KfW
- Zuschüsse der Pflege- und Krankenkassen
- Modellvorhaben des Bundesministeriums für Verkehr, Bau und Stadtentwicklung

Bei allen alters- oder behindertengerechten Einbauten ist es äußerst sinnvoll, sich (auch als junger Mensch) bereits beim Bau oder der Renovierung eines Hauses über die spätere mögliche Verwendung im Klaren zu sein. Vieles wie beispielsweise ein Notfall-Rufsystem oder ein Wäsche-/Müllabwurf kann bereits beim Bau eingeplant werden oder es können zumindest die Voraussetzungen für eine spätere Verwendung eingerichtet werden. Steckdosen sollten zum Beispiel auf Höhe der Lichtschalter eingeplant werden, damit man sich nicht danach bücken muss, wenn der Rücken und die Bandscheiben ihren Dienst nicht mehr richtig versehen.

Sollte das Haus wider Erwarten vorzeitig verkauft werden, können diese Vorrichtungen für eine spätere Anpassung des Wohnumfeldes durchaus Verkaufsargumente sein und den zu erzielenden Preis erhöhen. Auch wer in einem Altbau wohnt, kann vieles nachrüsten, um sich das Leben zu erleichtern.

## Darlehen der KfW

Ein Um- oder Ausbau ist, je nach individuellen Voraussetzungen, nicht billig. Für das die Bauherren unterstützende Programm „Altersgerecht Umbauen" stellte ursprünglich das Bundesbauministerium (BMVBS) von 2009 bis 2011 jährlich 80 bis 100 Millionen Euro bereit, die Zuschussbeantragung bzw. Darlehensvergabe erfolgte über die KfW Bankengruppe. Die Förderung erfolgte aus ganz praktischen Gründen. Laut BMVBS trug das Programm einer wichtigen gesellschaftlichen Entwicklung Rechnung: In 30 Jahren werden Prognosen zufolge fast acht Millionen Menschen in Deutschland über 80 Jahre alt sein – das sind etwa doppelt so viele wie heute. Der Bedarf an Wohnraum, der den Bedürfnissen älterer Menschen gerecht wird, wird also in Zukunft stark steigen. Dieser Bedarf wird nicht alleine durch Altenwohnheime und Pflegeheime zu decken sein.

Für 2012 wurden im Bundeshaushalt keine Mittel mehr für dieses Programm zur Verfügung gestellt. Daher führt die KfW Bankengruppe das Programm „Altersgerecht Umbauen“ seit Januar 2012 aus eigenen Mitteln fort, um die alters- und alltagstaugliche Umgestaltung der Wohnung bzw. des Hauses zu fördern. KfW steht für „Kreditanstalt für Wiederaufbau“. Die KfW war 1948 in Frankfurt gegründet worden und verwaltete ursprünglich die Gelder aus dem Marshall-Plan für den Wiederaufbau nach dem Zweiten Weltkrieg. Heute tritt die staatliche Bank vor allem als Förderbank auf.

Bis Ende 2011 wurden insgesamt mehr als 82 000 Wohnungen bundesweit mit Zuschüssen oder Darlehen gefördert. Das hat auch positive Nebenwirkungen. Das BMVBS dazu: „Durch das bisher geförderte Investitionsvolumen konnten insgesamt etwa 12 000 Arbeitsplätze in der mittelständischen Bauwirtschaft und dem Handwerk für ein Jahr geschaffen oder gesichert werden. Das stärkt die Wirtschaft.“

## *KfW Förderbank des Bundes und der Länder*

### *Kredit für Eigentümer und Mieter*

Die Fördermöglichkeiten des KfW-Programms „Altersgerecht Umbauen“ können unabhängig vom Alter beantragt werden. Dies gilt für Eigentümer, Mieter (mit Zustimmung des Vermieters), Private und Wohnungsunternehmen. Die Darlehenszinsen sind aufgrund der Verbilligung durch KfW-Mittel durchschnittlich zwei Prozent niedriger als der Marktzins.

Lassen Sie sich also unter die Arme greifen, wenn Sie einen Um- oder Ausbau beschlossen haben.

Die KfW Bankengruppe in Frankfurt bietet im Programm „Altersgerecht Umbauen“ (Programmnummer 159) zinsverbilligte Darlehen für Baumaßnahmen, die zu einer Reduzierung von Barrieren führen, die das „Wohnen angenehmer machen und unabhängig vom Alter und jeglicher Einschränkung ein selbstbestimmtes Leben ermöglichen“. Auch der Kauf von neu altersgerecht saniertem Wohnraum wird gefördert. Die geförderten Maßnahmen erstrecken sich nicht nur auf die Wohnung/das Haus selbst. Förderungsfähig sind auch

- die Erschließung von Wegen (wie Verbreiterung und/oder rutschfeste Beläge),
- der Umbau von Stellplätzen oder Garagen (hier zum Beispiel automatische Antriebe für Tore),
- Erleichterung von Zugängen (beispielsweise die Beleuchtung oder automatische Türantriebe),
- der Einbau von Aufzügen, Rampen etc.

Die Maßnahmen in der Wohnung können beispielsweise sein

- Umbau der Sanitärräume inkl. der Sanitärobjekte (zum Beispiel niedrigere Waschbecken oder niveaugleiche Duschplätze für Rollstuhlnutzer, Badewannensysteme mit seitlichem Türeinstieg, Einhebelmischarmaturen),
- Sicherheitssysteme (Stütz- und Haltegriffe, Notrufsysteme),
- Umbauten von Küchen (nicht die Möblierung!),
- Verbreiterung von Türen (die Durchgangsbreite von Eingangstüren muss mindestens 90 cm betragen, auch der Einbau von Türspionen ist förderfähig),

Auch Wohnflächenerweiterungen, zum Beispiel durch Dachgeschossausbau, sind förderfähig, sofern ein Maß an Barrierefreiheit bzw. Barrierereduzierung hergestellt wird, das den „Technischen Mindestanforderungen“ entspricht.

*Technische Mindestanforderungen*

Ein Merkblatt zu diesem Programm mit Informationen zu den „Technischen Mindestanforderungen für altersgerechtes Umbauen" findet sich ebenfalls auf der Webseite www.kfw.de. Die Baumaßnahmen müssen von Fachunternehmen durchgeführt werden.

Die „Technischen Mindestanforderungen" für den altersgerechten Umbau gelten für Modernisierungsmaßnahmen von Wohnungen im Gebäudebestand. Sie definieren die technischen Mindeststandards, die bei einer Förderung zu erfüllen sind. Gefördert werden Material- und Handwerkerkosten sowie die Kosten für die erforderlichen vorbereitenden und nachbereitenden Arbeiten und Maßnahmen, ebenso Wiederherstellungsarbeiten. Nähere Informationen finden sich auch hierzu auf der Webseite der KfW Bankengruppe.

*Konditionen*

Das KfW-Darlehen umfasst 100 Prozent der förderfähigen Kosten und gilt bis zu 50 000 Euro pro Wohneinheit. Die Zinsbindung kann fünf oder zehn Jahre betragen, bei einer zehnjährigen Zinsbindung beträgt die Kreditlaufzeit bis zu 30 Jahre, eine außerplanmäßige vollständige Tilgung gegen Vorfälligkeitsentgelt ist jedoch möglich.

Der Zinssatz und die Konditionen sind außerordentlich günstig, bitte erkundigen Sie sich über den jeweils gültigen Zins unter www.kfw.de/konditionen oder Faxabruf unter der Faxnummer (0 69) 74 31-42 14.

Der Zinssatz wird in den ersten zehn Jahren der Kreditlaufzeit aus KfW-Mitteln verbilligt. Die Förderung kommt vor allem Eigentümern zugute, die umbauen und selbst darin wohnen oder vermieten wollen. Aber auch für Mieter, die mit Zustimmung des Vermieters umbauen möchten, kommt eine Förderung infrage.

Auch jüngere Bauherren können das Programm in Anspruch nehmen, denn wer frühzeitig seine Immobilie anpasst, kann Unfälle und schwere Verletzungen vermeiden. Er muss im „Ernstfall" nicht kurzfristig teure Umbaumaßnahmen durchführen. Die geförderten Maßnahmen kommen Menschen aller Generationen und Familien mit Kindern zugute.

*Der Finanzberater empfiehlt:*
Ganz wichtig: Der Antrag muss gestellt werden, bevor mit dem Umbau/Kauf begonnen wird. Der Antrag wird bei der Hausbank gestellt, die auch das Darlehen bereitstellt, denn die KfW gewährt Kredite nicht unmittelbar, sondern ausschließlich über Kreditinstitute. Die Antragsformulare liegen dort vor. Der ordnungsgemäße Einsatz der Mittel muss nach Vollauszahlung des Darlehens nachgewiesen werden.

*R. Rueff, Leiter einer Bankfiliale*

Die Abruffrist nach Darlehenszusage beträgt 12 Monate, die Bereitstellungsprovision ist ab 4 Monate nach der Zusage fällig.

Weitere Fragen beantworten die Experten im KfW-Infocenter unter der Telefonnummer (08 00) 5 39 90 02.

Eine Kombination mit weiteren Förderungen ist möglich. Beispielsweise gibt es das Programm „Energieeffizient Sanieren" und das „Wohneigentumsprogramm".

Es gibt mittlerweile Architekturbüros, die sich auf altersgerechtes Wohnen und (Um-)Bauen spezialisiert haben. Diese Büros beraten über die unterschiedlichen Wohnformen, machen Vorschläge zur Verbesserung der aktuellen Wohnsituation, beraten über Fördermöglichkeiten und planen/begleiten einen Umbau. Es lohnt sich, sich nach einem solchen Büro umzusehen.

## Zuschüsse der Pflege- und Krankenkassen

Zuschüsse von der Pflegekasse sind möglich, wenn man eine anerkannte Pflegestufe hat. Beispielsweise kann hier ein Küchenumbau gefördert werden, damit auch Rollstuhlfahrer sich selbst versorgen können. In der Küche werden hierzu die Sockel höher- und zurückgesetzt, damit sie unterfahren werden können. Der Geschirrspüler wird höher eingebaut, damit er im Sitzen leichter ein- und ausgeräumt werden kann. Leicht laufende Auszüge und eine elektrische Höhenverstellbarkeit von Oberschränken und Arbeitsflächen erleichtern Menschen, die auf den Rollstuhl angewiesen sind, den Arbeitsalltag, aber auch kleine Menschen profitieren davon. Unterfahrbare Arbeitsbereiche sind nicht nur rollstuhltauglich, sondern auch mit „normalen" Stühlen nutzbar, um im Stehen ermüdende Arbeiten entspannt im Sitzen ausüben zu können.

Auch Krankenkassen können die Bezahlung einzelner, ärztlich verordneter Hilfsmittel wie einen Badewannenlift oder Gehhilfen übernehmen oder einen Zuschuss leisten, wenn dies der Mobilität des Versicherten dient. Zuschüsse kann es auch von der Sozialhilfe geben.

## Modellvorhaben des Bundesministeriums für Verkehr, Bau und Stadtentwicklung

Das Bundesministerium fördert bundesweit 20 Modellvorhaben. Dabei werden nicht nur Wohngebäude altersgerecht umgebaut, auch das Wohnumfeld und die Infrastruktur werden untersucht: Gibt es öffentliche Verkehrsmittel, sind Einkaufsmöglichkeiten, Gastronomie und Ärzte in der Nähe? Die Erfahrungen aus den Modellvorhaben werden wissenschaftlich ausgewertet. Sie sollen helfen, bestehende Förderprogramme optimal weiterzuentwickeln, und bundesweit Impulse für die Barrierereduzierung im Wohnungsbestand setzen. Beratungsstrukturen werden so ausgebaut und regionale Netzwerke geknüpft.

Eines der geförderten Modellvorhaben ist das Projekt der Handwerkskammer Chemnitz. In Chemnitz soll vor allem das Fachwissen der Bauleute zum Thema verstärkt werden – zum Beispiel durch Weiterbildungsangebote zum altersgerechten Umbauen durch die Handwerkskammer Chemnitz.

Andere Projekte fördern den altersgerechten Umbau von Wohnhäusern (beispielsweise München, Bayern), Quartierentwicklungen (wie Kiel, Schleswig-Holstein) und den Umbau einer Schule zwecks Umnutzung in ein altengerechtes Wohnzentrum (Bützow, Mecklenburg-Vorpommern).

# 3

# Betreutes Wohnen

- Die rechtliche Seite
- Checklisten
- Ein konkretes Beispiel für Betreutes Wohnen
- Wohnen im Hochhaus
  als Sonderform des Betreuten Wohnens

Sie wohnen allein und machen sich Gedanken, wie lange Sie noch selbstständig sein können? Ihre Privatsphäre und die eigenen vier Wände sind Ihnen aber sehr wichtig, und für ein Pflegeheim sind Sie noch viel zu rüstig? Was aber wäre, wenn Sie einen Unfall hätten, sich ein Bein brechen, krank werden, aus welchen Gründen auch immer Hilfe benötigten? Vielleicht wäre die Wohnform des „Betreuten Wohnens" auch etwas für Sie. Hier versucht man, die Vorteile des unabhängigen privaten Haushalts mit denen eines Heims zu vereinbaren. Sie wohnen in einer abgeschlossenen Wohnung, führen Ihren eigenen Haushalt, haben Ihre Privatsphäre, können aber im Notfall betreut und versorgt werden.

Unter dem Begriff „Betreutes Wohnen" werden Wohnformen verstanden, bei denen ein barrierefreies Wohnumfeld mit dem Angebot verschiedener zusätzlicher Hilfedienste verbunden ist. Bei dieser Wohnform wird seniorengerechtes Wohnen auch mit dem Sicherheitsbedürfnis im Alter zusammengeführt. Diese Wohnform wird immer beliebter: Angebote sind unter anderem bereits auf der Internetseite von www.immobilienscout.de, dem größten Immobilienanbieter im Internet, unter der Rubrik Seniorenwohnungen und -immobilien zu finden.

Oft wird das Betreute Wohnen im räumlichen Zusammenhang mit einem Pflegeheim angeboten. So ist es einfacher, im Bedarfsfall vorübergehend pflegerische Dienste und auch Dienstleistungen wie Verpflegung, Reinigung etc. abzudecken.

Allerdings muss man sehr aufpassen, was denn nun genau unter dem Begriff „Betreutes Wohnen" oder „Wohnen mit Service" verstanden wird. Meist ist es so, dass man lediglich die Wohnung mietet, alles andere kann hinzugebucht werden, was unter Umständen recht teuer werden kann. Bei erheblicher gesundheitlicher Verschlechterung kann man auch nicht für immer in seiner Wohnung bleiben, dann wird ein Umzug ins Pflegeheim notwendig.

## Die rechtliche Seite

Ob solche Angebote, die gerne auch „Service-Wohnen“ oder ähnlich genannt werden, als Heime im Sinne des Gesetzes zu verstehen sind (und damit unter den Schutz dieses Gesetzes fallen), hängt von deren rechtlicher Konstruktion ab. Diese Frage kann und soll der Einrichtungsträger beantworten.

*Das Heimgesetz*

Das bisher gültige Heimgesetz galt für die gesamte BRD, seit 2008 wird es sukzessive durch Ländergesetze ersetzt. Solange in einem Bundesland noch kein neues Heimgesetz erlassen wurde, gilt das alte der Bundesrepublik Deutschland (Art. 125a Abs. 1 Grundgesetz).

Die Bundesregierung hat zur Information über das Heimgesetz eine Broschüre herausgegeben mit dem Titel „Ihre Rechte als Heimbewohnerinnen und Heimbewohner“. Sie kann kostenlos bezogen werden beim

Bundesministerium für Familie,
Senioren, Frauen und Jugend
11018 Berlin
Servicetelefon: (01 80) 1 90 70 50
3,9 Cent/Min. aus dem deutschen Festnetz,
max. 42 Cent/Min. aus den Mobilfunknetzen

oder heruntergeladen werden unter:

http://www.bmfsfj.de →Service →Publikationen

Diese Broschüre enthält den vollständigen Text des Heimgesetzes sowie der Rechtsverordnungen, von denen vor allem die Heimmitwirkungsverordnung die

Bewohnerinnen und Bewohner unmittelbar betrifft. Heime gewähren eine umfassende Versorgung und Betreuung, wodurch sich aber auch eine Abhängigkeit der Bewohner und Bewohnerinnen vom Heimträger ergeben kann. Daher genießt dieser Personenkreis besonderen rechtlichen Schutz durch das Heimgesetz. Es soll dazu beitragen, die Rechtsstellung der Bewohnerinnen und Bewohner und die Qualität der Betreuung und Pflege zu verbessern. Es soll den Bewohnern und Bewohnerinnen ein würdevolles Leben im Heim ermöglichen und dafür sorgen, dass ihre Interessen und Bedürfnisse berücksichtigt werden, sodass sie ein möglichst selbstständiges und selbstbestimmtes Leben führen können. Dabei regelt das Gesetz, dass die im Heimvertrag festgelegten Rechte und Pflichten eingehalten und Mindestanforderungen an Qualität erfüllt werden. Es sichert den Bewohnern und Bewohnerinnen das Mitsprache- und Mitwirkungsrecht im Heimbetrieb zu. Zu diesem Zweck wurde die Heimaufsicht geschaffen, eine behördliche Stelle, die über Heimangelegenheiten beraten und Heime kontrollieren bzw. überwachen soll.

In den meisten Fällen kommt beim Betreuten Wohnen das Heimgesetz nicht zum Tragen, denn beim klassischen Betreuten Wohnen sind das Wohnen und die Hilfeangebote rechtlich voneinander getrennt. Die Bewohnerinnen und Bewohner dieser Einrichtungen haben mit dem Betreiber der Wohnanlage einen Mietvertrag, eventuell auch Kaufvertrag über eine Wohnung abgeschlossen. Daneben können von einem Dienstleistungsanbieter verschiedene Dienste (beispielsweise hauswirtschaftliche Hilfen für Putzen und Wäsche, Essen auf

Rädern, Hol- und Bringdienste, Beratung und Vertretung gegenüber Behörden) gebucht werden. Fast immer ist es so, dass mit einer sogenannten Betreuungspauschale ein 24-stündiger Notrufdienst und das Angebot von Beratungs- und Hilfsdiensten abgedeckt sind. Die individuell in Anspruch genommenen Hilfsdienste werden normalerweise extra berechnet.

## Checklisten

Die Angebote unterscheiden sich nicht nur hinsichtlich Art und Umfang der Hilfen, auch die Lage und natürlich auch die Preise spielen eine große Rolle bei der Entscheidungsfindung.

Die BAGSO, die Bundesarbeitsgemeinschaft der Senioren-Organisationen, und die BIVA, die Bundesinteressenvertretung der Nutzerinnen und Nutzer von Wohn- und Betreuungsangeboten im Alter und bei Behinderung e. V., haben eine Checkliste erstellt, die einen Vergleich von unterschiedlichen Angeboten erleichtern soll. Die wichtigsten Punkte finden Sie hier, die vollständige Liste erhalten Sie unter www.biva.de. Bedenken Sie, dass auch eine umfangreiche Checkliste nur als Basis dienen kann und Ihren persönlichen Wünschen individuell angepasst werden muss.

Folgende Überlegungen sollten Sie vorab anstellen:

*Wo wollen Sie wohnen?*
Zentral, also mitten im eventuell lauten Leben, oder lieber ländlich ruhig? In der Nähe von Verwandten oder Freunden? Eventuell sogar mit Freunden unter einem Dach?

Informationen über vorhandene Einrichtungen liefern die Kommunen, beispielsweise Wohnungsämter, oder Seniorenvertretungen, aber auch Wohlfahrtsverbände, private Träger, Wohnungsbaugesellschaften und natürlich das Internet. Unter dem Stichwort Betreutes Wohnen plus Ort wird man von mehr oder weniger brauchbaren Angeboten förmlich überschüttet.

Falls Sie ein oder mehrere für Sie interessante Angebote gefunden haben, lassen Sie sich ausführliches Informationsmaterial (mit Preisangaben) kommen und/oder durchforsten Sie die jeweiligen Webseiten. Die ersten Fragen kann vielleicht schon das gedruckte oder elektronisch verfügbare Material beantworten, dann aber wird es Zeit, das Objekt, ausgerüstet mit einem Fragenkatalog, zu besichtigen.

*Fragen zum Standort, zum Umfeld sowie zum Haus selbst*

- Entsprechen die Lage und Umgebung und der Stil des Hauses Ihren Vorstellungen?
- Wie ist die Anbindung an öffentliche Verkehrsmittel?
- Wie weit sind die nächsten Einkaufsmöglichkeiten entfernt?
- Sind Restaurant(s), Café(s), Bank, Post, Friseur, Bibliothek, Arztpraxen, Apotheken, Optiker in der näheren Umgebung vorhanden?
- Gibt es in der Nähe Sport- und Bildungseinrichtungen, kulturelle Angebote? (In der Nähe bedeutet: nicht mehr als 500 Meter entfernt oder mit öffentlichen Verkehrsmitteln leicht zu erreichen.)
- Ist das Haus sinnvoll gegliedert, kann man sich hier schnell zurechtfinden?
- Sagt Ihnen die Größe des Hauses zu?
- Hat das Haus einen Garten, haben die Wohnungen Balkone?

*Besichtigung der Objekte*

Wenn Sie jemanden kennen, der in der Einrichtung wohnt, besuchen Sie diese Person einfach und lassen Sie den ersten Eindruck auf sich wirken. Wenn Sie niemanden kennen, vereinbaren Sie einen ausführlichen Besichtigungstermin. Vor dem Termin können Sie schon mal die Umgebung erkunden.

Im Haus lassen Sie sich alles so genau wie möglich zeigen und erklären. Nutzen Sie die Gelegenheit, ein persönliches Gespräch mit Bewohnern und einer eventuellen Bewohnervertretung zu führen. Oft gibt es auch die Möglichkeit des Probewohnens. Nehmen Sie diese Gelegenheit wahr! Bringen Sie die Checkliste zunächst einmal als Fragenkatalog zu den Besuchen der Häuser mit. Mithilfe der Liste können Sie später die Angebote besser vergleichen.

*Diese Fragen klären Sie am besten bei einer Hausbesichtigung:*

- Sind alle Bereiche des Hauses – inklusive der einzelnen Wohnungen – barrierefrei (keine Türschwellen, stufenloser Zugang zu allen Bereichen, die Türbreite beträgt mindestens 80 Zentimeter, es gibt rollstuhlgerechte Bäder, bodengleiche Duschen und WCs) gestaltet?
- Empfinden Sie die Atmosphäre des Hauses als angenehm und freundlich? Fühlen Sie sich wohl?
- Geht man auf Ihre Fragen ein oder fühlen Sie sich schnell abgefertigt?
- Gibt es Räumlichkeiten für Sport, Vorträge, private Feiern, Hobbys?
- Gibt es eine Waschküche mit Waschmaschinen und Trocknern?
- Kann man einen Stellplatz fürs Auto erwerben/mieten?
- Sind Gästezimmer oder Besucherapartments vorhanden?
- Gibt es im Haus eine qualifizierte Betreuungs- oder Kontaktperson (das könnte ein Sozialarbeiter oder eine Krankenschwester sein), die Hilfestellungen bei Problemen leistet? Wie ist diese Person erreichbar?
- Gibt es eine Bewohnervertretung?
- Werden Freizeitveranstaltungen innerhalb des Hauses wie Feste, Vorträge, Filme angeboten?
- Gibt es Freizeitangebote außerhalb des Hauses, zum Beispiel Ausflüge?
- Gibt es einen Hausmeister oder haustechnischen Dienst, der

sich um kleinere Reparaturen kümmert? Oder zumindest eine Vermittlung dieser Dienste?
- Ist eine externe Firma für die Gebäudereinigung und den Winterdienst zuständig?

*Fragen, die Ihre zukünftigen Wohnräume betreffen*
- Gibt es einen Abstellraum innerhalb der Wohnung?
- Sind Kellerräume vorhanden, die Sie nutzen können?
- Ist die Wohnung gut isoliert und geräuscharm – zum Beispiel durch Schallschutzfenster? Bedenken Sie, dass ältere Menschen oft nicht mehr gut hören und deshalb Fernsehapparate oder Radios mit größerer Lautstärke betrieben werden.
- Sind Installationen zu Ihrer eigenen Sicherheit (wie Rauchmelder, Sicherheitsschalter an Küchenherden) und zu Ihrem Komfort (beispielsweise Internetanschluss) schon eingerichtet?
- Gibt es Türspion, Sicherheitsschlösser, Gegensprechanlage?
- Sind Haustiere erlaubt?
- Gibt es einen Hausnotruf?
- Hat die Wohnung einen sinnvollen Schnitt, sodass Sie Ihre eigenen Möbel gut unterbringen können?
- Müssen Sie die Einbauküche selbst liefern oder ist diese vorhanden?

*Vergleich der Angebote*

Der Begriff Betreutes Wohnen ist nicht gesetzlich definiert. Daher ist ein genauer Vergleich der Leistungen und Kosten erforderlich. Einige Informationen hierzu werden Sie in den Broschüren der Einrichtungen finden. Fragen Sie unbedingt nach, wenn Ihnen Daten und Fakten fehlen.

Wenn Sie Objekte gefunden haben, die in die nähere Wahl kommen, geht es ums Geld. Was kostet die Unterbringung, was kosten die Zusatzangebote? Müssen Sie für Zusatzangebote zahlen, die Sie eigentlich gar nicht nutzen wollen? Lassen Sie sich ein Exemplar des Mietvertrags geben sowie

Informationen über Preise der Wahlleistungen und lesen Sie alles genau durch. Bei Unklarheiten zögern Sie nicht, hartnäckig nachzufragen.

*Wichtige monetäre und vertragliche Fragen, die beantwortet werden sollten*

- Wie hoch ist der Quadratmeterpreis (kalt/warm) für die von Ihnen favorisierte Wohnung?
- Was alles ist in der Grundmiete inbegriffen?
- Welche Leistungen enthält eine eventuell zu zahlende zusätzliche Pauschale?
- Gibt es eine Übersicht über die Preise der Wahlleistungen?
- Welche Wahlleistungen gibt es überhaupt? Wahlleistungen können sein: Fahr- und Begleitdienste, hauswirtschaftliche Unterstützung, Einkaufsdienste, Wäschedienst, Essen auf Rädern oder Mittagstisch im Haus, Unterstützung bei Behördenkontakten.
- Sind die Anbieter der Wahlleistungen frei wählbar?
- Sind Eigenbedarfskündigungen ausgeschlossen oder ist zumindest eine Sonderregelung vorgesehen, die bei Eigenbedarfskündigung eine vergleichbare Wohnung innerhalb der Anlage garantiert?
- Werden einmalige Zahlungen fällig, beispielsweise eine Aufnahmegebühr, Darlehen oder eine Kaution?
- Fallen Renovierungskosten an? (Wenn eine Einrichtung unter das Wohn- und Betreuungsgesetz fällt, sind solche Kostenübernahmen verboten.)

*Was passiert, wenn Sie krank werden?*

- Gibt es medizinische und therapeutische Angebote?
- Welche Hilfe wird bei vorübergehender Krankheit geleistet?
- Gibt es eine Zusammenarbeit mit ambulanten Pflegediensten?
- Sind die Anbieter von Pflege/Krankenpflege frei wählbar?

- Ist eine Kurzzeitpflege innerhalb der Wohnung oder wenigstens in der Einrichtung möglich?
- Ist es möglich, bei hoher Pflegebedürftigkeit (Pflegestufe III) in der Wohnung zu verbleiben oder innerhalb der Anlage auf eine Pflegestation zu ziehen? Oder haben Sie, falls sich Ihr Zustand verschlechtert, in einer kooperierenden Pflegeeinrichtung eine Option auf einen Pflegeplatz?
- Gibt es Kooperationen mit ehrenamtlichen Diensten, zum Beispiel Besucherdienst, Hospizdienst?

Sicherlich gibt es immer noch Fragen, die hier nicht aufgeführt wurden, aber für Sie persönlich relevant sind. Hier gibt es weitergehende Informationen:

BAGSO
Bundesarbeitsgemeinschaft der Senioren-Organisationen e. V.
Bonngasse 10
53111 Bonn
Telefon: (02 28) 24 99 93 18
Telefax: (02 28 ) 24 99 93 20
E-Mail: kontakt@bagso.de
www.bagso.de

BIVA
Vorgebirgsstraße 1
53913 Swisttal
Telefon: (0 22 54) 70 45
E-Mail: info@biva.de
www.biva.de

## Ein konkretes Beispiel für Betreutes Wohnen

*Frau Schreiner lebt in Schwäbisch Hall, einer Stadt im Nordosten von Baden-Württemberg. Die 37 000-Einwohner-Stadt mit ihren aufwendig restaurierten Fachwerkhäusern und Barockbauten hat auch kulturell viel zu bieten: Seit 1925 finden hier die berühmten Freilichtfestspiele statt, außerdem gibt es die Würthsche Kunsthalle und weitere Museen, die jährlich viele Besucher anziehen. Frau Schreiner ist bereits 90 Jahre alt, aber glücklicherweise noch rüstig genug, um – mit etwas Hilfe – alleine in ihren eigenen vier Wänden zu wohnen. Diese Wände befinden sich in einem Seniorenstift. Die barrierefreie Anlage liegt zentral im Ort in schöner Lage am Fluss Kocher. Das Seniorenwohnstift gibt es seit 1997. Es hat etwa 50 Eineinhalb- bis Zwei-Zimmer-Wohnungen mit ca. 56 bis 66 qm Wohnfläche, die großen Wohnungen kosten um die 750 Euro warm. Eine Pflegestation mit zehn Plätzen ist angegliedert, sodass die Bewohner bei erhöhtem Pflegebedarf in der eigenen Wohnung gepflegt werden können oder Kurz- oder auch Langzeitpflege auf der hauseigenen Pflegestation in Anspruch nehmen können. Ein Restaurant im Haus bringt Abwechslung, hier kann man auch externe Gäste bewirten. Alle hauswirtschaftlichen, pflegerischen und therapeutischen Leistungen werden durch einen von allen Kranken- und Pflegekassen anerkannten Pflegedienst geleistet. Dieser Dienstleister bietet neben pflegerischen/medizinischen Leistungen auch Essen auf Rädern, Hilfen beim Einkaufen, Wäsche- und Haushaltsservice.*

*Das Haus ist hell und großzügig gestaltet und wirkt auf den Besucher eher wie ein Apartmenthaus oder ein Aparthotel. Das Gebäude mitsamt allen Wohnungen ist barrierefrei, die Wohnungen sind mit einem Notrufsystem ausgestattet. Zur Unterhaltung der Bewohner tragen interne Veranstaltungen bei, es gibt Beschäftigungen wie Gedächtnistraining, Spieletreffs, Konzerte, Gymnastik und Sturzprävention, Ausflüge, Feste und weitere Bildungs- und Informationsveranstaltungen.*

3

*Frau Schreiner fühlt sich hier recht wohl und schildert ihre Wohnsituation wie folgt:*

*„Ich wohne erst seit eineinhalb Jahren in diesem Seniorenstift. Vorher lebte ich auch in Schwäbisch Hall, in einem Haus, das mein Mann und ich 1984 gebaut haben. Wir achteten bereits damals auf eine seniorengerechte Ausstattung ohne Treppen. Als mein Mann starb, blieb ich noch einige Zeit alleine in dem Haus. Ich hatte eine Hilfe für den Garten und eine für den Haushalt und sehr hilfsbereite, nette Nachbarn. Dennoch fiel mir die Decke auf den Kopf, das Haus war zu ruhig. Früher war mit meinem Mann und unseren fünf Kindern immer viel los gewesen. Daher habe ich dann eine Zeit lang Zimmer an Kursteilnehmer des Goetheinstituts vermietet, das brachte wieder etwas Leben ins Haus. Aber mit der Zeit wurde mir das große Haus doch zu viel und ich beschloss, ins Seniorenwohnstift zu ziehen.*

*Die Lage des Seniorenwohnstifts ist gut, das Haus liegt ruhig und dennoch zentral. Ich bin schnell zu Fuß in der Stadt, auch ein Bus hält ganz in der Nähe. Von hier aus kann man auch sehr schöne Spaziergänge machen. Ich habe eine geräumige Zwei-Zimmer-Wohnung mit großzügigem Balkon, Bad mit bodengleicher Dusche und bequemer Küche. Ich gehe allerdings meist zum Essen, man kann hier als Zusatzleistung sämtliche Mahlzeiten hinzubuchen. Auch pflegerische Dienstleistungen oder einen Putzservice kann man zusätzlich bestellen, muss diese aber auch extra bezahlen.*

*Als ich mich zum Umzug in dieses Haus entschloss, erwartete ich eigentlich, viele Leute kennenzulernen und neue Kontakte knüpfen zu können. Das war leider nicht der Fall, die Menschen sind sehr zurückhaltend. Eine nette neue Bekannte habe ich allerdings gefunden, mit der ich oft gemeinsame Spaziergänge unternehme. Auch meine alten Nachbarn besuchen mich hin und wieder. Bis auf einen Sohn leben meine Kinder leider über ganz Deutschland verstreut, die sehe ich nicht so oft, wie ich gerne möchte."*

## Wohnen im Hochhaus als Sonderform des Betreuten Wohnens

Am Hochhaus scheiden sich die Geister. Manch eine(r) findet diese Wohnform ganz schrecklich („wie die Hühner im Käfig"), manch eine(r) ist ganz begeistert davon.

Hier kommt eine überzeugte Hochhausbewohnerin zu Wort. Frau Gehring, 80, lebt in einem Vorort von Stuttgart:

*„Als junge Familie zogen wir mit unserer damals dreijährigen Tochter im Dezember 1960 in unsere Eigentumswohnung in dem neu erbauten Hochhaus ein. Wir hatten zunächst die Absicht, die Wohnung nach vier bis fünf Jahren wieder zu verkaufen und ein Haus oder Reihenhaus zu erstehen. Daraus ist nichts geworden. Jedes Mal, wenn wir irgendein Objekt besichtigt hatten, wurde uns bewusst, wie schön (und bequem) wir es im Hochhaus haben.*

*‚Unser' Hochhaus hat 14 Etagen, auf jedem Stockwerk ist ein Müllabwurf vorhanden. Es gibt zwei Aufzüge und zwei Treppenhäuser. Im Erdgeschoss befinden sich die Hausmeisterwohnung und eine Waschküche mit zwei Waschmaschinen, Schleuder, Trockner und Wäschemangel sowie ein kleiner Raum für Altpapier.*

*Das Haus ist von einer sehr schönen, großzügigen Grünanlage umgeben, die vom Hausmeister-Ehepaar ebenso liebevoll gepflegt wird wie das Haus.*

*Mein Mann und ich sind hier, wie viele Mitbewohner auch, alt geworden. Ich schätze, dass 35 bis 40 Prozent aller Bewohner bis an ihr Lebensende hier gewohnt haben und nicht in ein Heim umziehen mussten.*

*Nachbarinnen haben sich einmal ‚Betreutes Wohnen' angeschaut, haben sich dann aber gegen diese Wohnform entschieden. Sie sind der Meinung, dass wir im Hochhaus, wenn wir uns eventuell notwendige Pflegedienste, eine Haushaltshilfe oder ‚Essen auf Rädern' ins Haus kommen lassen, sowieso schon ein Betreutes Wohnen haben. Preiswerter ist es hier allemal.*

3

*Außerdem sind die Einkaufsmöglichkeiten in unmittelbarer Nähe. Wir haben zwei Bäckereien, einen Discounter, Zeitschriften-Läden, Masseur, Bank, Restaurants, Reinigung und zwei Lebensmittelläden in nächster Nähe. Wer gar nicht mehr aus dem Haus kann, wird von den Nachbarn mitversorgt oder lässt sich Lebensmittel oder fertiges Essen ins Haus liefern.*

*Auch die Verkehrsanbindung ist gut: Alle zehn Minuten fährt ein Bus zur S-Bahn. Zwei Hausärzte in allernächster Nähe sind gerade für ältere Menschen ideal.*

*Unser Hochhaus ist, entgegen der allgemeinen Meinung, kein anonymer Bunker. Die Hilfsbereitschaft unter den Bewohnern, auch den später eingezogenen, ist sehr hoch.*

*Jeder, der hier wohnt, ob Eigentümer oder Mieter, will hier nicht mehr ausziehen.“*

Ein eindeutigeres Plädoyer für diese Wohnform ist kaum vorstellbar. Die Vorteile liegen aber auch auf der Hand: Man muss sich um nichts kümmern als um sich und seine Wohnung. Alles andere macht der Hausmeister, und wenn größere Reparaturen anstehen, entscheidet und organisiert dies der Verwaltungsrat. Vom eigenen Balkon aus hat man einen schönen Blick auf die Grünflächen, mit der Gartenarbeit hat man aber nichts zu tun. Ist in der Wohnung eine Kleinigkeit kaputt, hilft schon mal der freundliche, handwerklich begabte Hausmeister aus. Garagen und Parkmöglichkeiten sind auch vorhanden.

Frau Gehring kommt in ihrer Wohnung noch gut zurecht. Der Einbau bzw. Erwerb ein paar kleiner Hilfsmittel wie ein Badewannensitzbrett oder eine Toilettensitzerhöhung genügen ihr vorerst, um weiterhin selbstständig in ihrer Hochhauswohnung zu leben.

Was aber kann man tun, wenn die an sich bequeme Hochhauswohnung leider doch nicht barrierefrei ist? Wenn die Wohnung zwar per Lift zu erreichen, aber wegen zu schmaler Türen nicht rollstuhltauglich ist?

*Auch Familie Bergmann bewohnt eine Eigentumswohnung in einem Hochhaus. Schräg gegenüber von diesem Haus befindet sich – glücklicher Zufall – ein Pflegezentrum. Von diesem könnten sie sich später bei Bedarf Essen liefern lassen oder dort im Bistro essen, dort auch in die Tages- bzw. Kurzzeitpflege gehen oder pflegerische Leistungen erhalten. Das sind eigentlich sehr gute Voraussetzungen, um lange in der eigenen Wohnung bleiben zu können.*

*Das Hochhaus wurde 1974 erbaut. Familie Bergmann wohnte ursprünglich mit Tochter und Sohn hier, nun sind Herr und Frau Bergmann im Rentenalter und leben zu zweit in der Viereinhalb-Zimmer-Wohnung. Frau Bergmann ist körperlich und geistig noch sehr fit, Herr Bergmann leidet an der Parkinsonschen Krankheit. Die Wohnung an sich ist groß genug, aber beim Bau des Hauses wurde noch nicht auf Barrierefreiheit geachtet. Die Türen innerhalb der Wohnung sind für einen Rollstuhl zu schmal, Bad und Küche sind recht klein.*

*Daher hat Frau Bergmann einen Umbau der Wohnung initiiert. Der Umbau betraf vor allem das Badezimmer, das nicht rollstuhltauglich war. Die Umgestaltung der Wohnung hat 45 000 Euro gekostet, und viele Nerven noch dazu. Die Umbauphase dauerte drei bis vier Wochen, in dieser Zeit waren Bad und Toilette kaum benutzbar. Wände und Türen wurden herausgeschlagen, verändert, versetzt. Herr Bergmann verbrachte diese Zeit teils bei Verwandten, teils im Hotel, Frau Bergmann wollte vor Ort bleiben. Die Umbauphase war gut geplant, wurde gut koordiniert und auch von allen beteiligten Handwerkern zuverlässig und gut umgesetzt. Wäre das alles nicht so gut gelaufen, hätte Frau Bergmann noch länger ohne funktionierendes Badezimmer auskommen müssen.*

*Um die Barrierefreiheit verwirklichen zu können, wurde die zweite Toilette und ein Abstellraum dem Badezimmer zugeschlagen. Aus Platzgründen wurde eine Schiebetür zum Bad eingebaut, es gibt nun eine ebene Dusche statt der Badewanne, für beides war kein Platz. Die Dusche wurde mit einem Duschsitz und Haltegriffen sowie einem Seifenspender versehen. Auch die Toilette ist neu, sie erhielt eine automatische Reinigungsspülung. Die Schiebetür kann später bei Bedarf elektrisch betätigt werden, sämtliche Vorrichtungen sind bereits dafür eingeplant.*

*Durch den Umbau ist es möglich, mit einem schmalen Wohnungs-Rollstuhl alle Räume der Wohnung zu erreichen. Nun können Herr und Frau Bergmann in ihrem gewohnten Umfeld bleiben, und das ist ihnen der große Aufwand wert.*

*Der Steuerberater empfiehlt:*
Behinderungsbedingte Umbaukosten sind steuerlich abzugsfähig. Wenn eine Wohnung oder ein Haus behindertengerecht umgebaut wird (beispielsweise mit einer Rollstuhlrampe, einem Treppenlift oder durch den Einbau eines behindertengerechten Bades), sind die dazugehörigen Aufwendungen als außergewöhnliche Belastungen abzugsfähig.
Der Umbau muss allerdings zwangsläufig, das heißt aufgrund einer Behinderung oder Erkrankung erfolgen. Zeitgleiche Umbaumaßnahmen wie zum Beispiel der Einbau neuer Fenster oder einer neuen Heizanlage sind nicht abzugsfähig. (Stand Juli 2011)

*K. Kopietz, Steuerberater und Vereidigter Buchprüfer*

Für die Links sowie für den Download von weiterführenden Informationen und Publikationen siehe auch unsere Verlagswebseite:
➤ www.alcorde.de/service/links-und-downloads

4

# Endlich Rente – für immer Urlaub?

- Die bürokratische Seite
- Spanien, deutsches Lieblingsreiseziel
- Die Welt ist groß, die Angebote sind vielfältig
- Amerika, du hast es besser?

„Die Residencia xx in Andalusien liegt direkt an der Küste – einem kleinen Küstenabschnitt der Costa del Sol – der Costa Tropical. Das einzigartige Klima der Costa Tropical bietet Ihnen eine Jahresdurchschnittstemperatur von rund 22,5 °C. Hier wachsen tropische Früchte und die Altstadt von Almuñécar bietet noch einen ursprünglichen spanischen Charme.“ Klingt das nicht verführerisch?

Das Wetter in Deutschland lässt oft zu wünschen übrig, mit den oben genannten Temperaturen kann die BRD nicht mithalten. Viele Menschen zieht es daher jeden Sommer in den Süden, einige versuchen, sich den Winter durch einen Urlaub in Florida oder auf den Kanarischen Inseln erträglicher zu gestalten. Manch einer erwirbt schon vor dem Rentenalter eine Wohnung oder ein Haus im warmen Süden.

Mit Beginn des Rentenalters hat man endlich auch die Möglichkeit, sich zeitlich unbegrenzt im Süden aufzuhalten. Wer schon sein Refugium – oft in Spanien – hat, kann sich nun dort der Wärme erfreuen. Da drängt sich die Überlegung auf, den Lebensmittelpunkt ganz zu verlegen, also auszuwandern. Innerhalb der EU dürfte das kein größeres Problem sein, die Rente wird überwiesen und steht auch in einem anderen EU-Land zur Verfügung. Auch Leistungen aus der deutschen Pflegeversicherung werden bezahlt.

Je nach Zielland kann es sogar sein, dass die Rente ein angenehmeres Leben ermöglicht, wenn beispielsweise die Lebenshaltungskosten dort niedriger sind.

Das alles klingt verlockend, und ein Leben unter südlicher Sonne ist auch der Gesundheit zuträglich. Wärme, vor allem eine trockene Wärme, kann wohltuend bei Arthrose, Arthritis und Rheuma etc. sein. Was aber ist, wenn man trotz der angenehmen Lebensumstände krank wird? Dann ist es wichtig, dass auch dort die Wohnung/das Haus behindertengerecht gestaltet werden kann (siehe Kapitel 1).

Wichtig ist aber auch, dass man die Landessprache spricht oder dass es zumindest deutschsprachige Ärzte und eine umfassende medizinische Versorgung gibt und dass gute Krankenhäuser in der Nähe sind. Bevor man in neue Gefilde aufbricht, sollte man mehr als einen Gedanken an Themen wie Kranken- und Pflegeversicherung „verschwenden".

## Die bürokratische Seite

Der GKV-Spitzenverband Deutsche Verbindungsstelle Krankenversicherung – Ausland (DVKA, www.dvka.de; Merkblatt Rentner, Meine Krankenversicherung bei Wohnort im Ausland) gibt auf seiner Internetseite Auskunft darüber, was in Sachen Kranken- und Pflegeversicherung passiert, wenn man als gesetzlich kranken- und pflegeversicherter Rentner seinen Wohnort ins Ausland verlegt.

Hier wird unterschieden zwischen Wohnorten in Staaten des Europäischen Wirtschaftsraums (EWR-Staaten) inklusive der Schweiz und Staaten, mit denen Deutschland bilaterale Abkommen auf dem Gebiet der sozialen Sicherheit getroffen hat. Ob nach einem Wohnortwechsel ins Ausland die deutschen Rechtsvorschriften für Kranken- und Pflegeversicherung weiterhin gelten, hängt von der Art des Abkommens zwischen Deutschland und dem Zielstaat ab. Sofern dies ein EWR-Staat oder die Schweiz ist, wurden Regelungen zur sozialen Absicherung vereinbart. Des Weiteren gibt es noch Abkommen (Stand April 2012) über Soziale Sicherheit mit Bosnien-Herzegowina, Kroatien, Mazedonien, Montenegro, Serbien, der Türkei und Tunesien.

Bei einer Wohnortverlegung in einen EU-Staat bleibt die Mitgliedschaft in der deutschen gesetzlichen Krankenversicherung bestehen. Es gibt keine zusätzliche Krankenversicherung im neuen Wohnstaat, sofern man lediglich eine Rente der deutschen Rentenversicherung erhält und im neuen Wohnstaat keinen eigenen Leistungsanspruch (zum Beispiel aufgrund einer Beschäftigung) hat. Bleibt die Mitgliedschaft bei der deutschen Krankenkasse bestehen, bleiben auch die bisherigen Beiträge gleich. Sie erhalten am Wohnort im Ausland alle Sachleistungen bei Krankheit wie ein Versicherter des ausländischen Krankenversicherungsträgers. Die Kosten verrechnet der ausländische Krankenversicherungsträger mit der deutschen Krankenkasse. Die Sachleistungen (das sind beispielsweise ärztliche Behandlungen, stationäre Krankenhausaufenthalte und Medikamente) richten sich nach dem an Ihrem neuen Wohnort geltenden Recht. Informationen über die Art und den Umfang der Sachleistungen erhalten Sie von dem örtlichen Krankenversicherungsträger. Es kann durchaus vorkommen, dass diese Informationen nur in der jeweiligen Landessprache zur Verfügung stehen.

Viele deutsche Rentner, die im Ausland leben, nutzen einen Heimaturlaub, um in Deutschland Arztbesuche zu machen. Das ist legal und durchaus üblich, spricht aber nicht unbedingt für die ärztliche Versorgung im Ausland, wo es eventuell weniger qualifizierte oder schlechter erreichbare Ärzte geben kann.

Der örtliche Krankenversicherungsträger am neuen Wohnort stellt übrigens nur die oben genannten Sachleistungen zur Verfügung. Geldleistungen wie Pflegegeld erhalten Sie weiterhin aus Deutschland.

Die Pflegeversicherung wird ansonsten wie die Krankenversicherung gehandhabt. Sind Sie also in Deutschland weiterhin krankenversichert, sind Sie hier auch pflegeversichert. Auch die Sachleistungen bei Pflege werden wie die Sachleistungen der Krankenversicherung gehandhabt. Eine Kombination von Sachleistungen des Wohnstaates mit Geldleistungen der deutschen Pflegeversicherung ist allerdings nicht möglich, das heißt, es ist nicht möglich, einen Pflegedienst in Spanien bezahlt zu bekommen und gleichzeitig deutsches Pflegegeld zu beziehen.

Bei Wohnortverlegung in einen Staat, mit dem keine staatlichen Vereinbarungen bezüglich Kranken- und Pflegeversicherungsschutz bestehen, endet Ihre deutsche Krankenversicherung. Ihre deutsche Kranken- und Pflegekasse informiert Sie über Möglichkeiten einer Absicherung bei Krankheit und Pflege.

Natürlich reichen die Informationen der DVKA im konkreten Fall einer Auswanderung nicht aus, sie sollen lediglich als erste Hinweise dienen. Genaue Informationen bekommen Sie direkt von Ihrer jeweiligen Kranken- und Pflegekasse. Fragen rund um die Rente bei einer Wohnortverlegung ins Ausland beantwortet Ihr Rentenversicherungsträger. Sowohl dieser als auch die Kranken- und Pflegekasse sollten auf jeden Fall rechtzeitig informiert werden, damit die Gelder auch pünktlich an den neuen Wohnort fließen können.

## Spanien, deutsches Lieblingsreiseziel

Gerade in Spanien werden immer mehr deutschsprachige Seniorenresidenzen und Pflegeheime angeboten. Sie werden oft von deutschen Betreibern geleitet. Nur zwei Beispiele:

Die Norddeutsche Gesellschaft für Diakonie gGmbH betrieb auf Mallorca die Seniorenresidenz Es Castellot, die 2011 von einer spanischen Behinderten-Stiftung übernommen wurde. Die Residenz kämpfte schon lange mit zu niedrigen Belegungszahlen, obwohl man von der reinen Unterkunft in Einzel- oder Doppelapartments mit Küche bis zur deutschsprachigen Pflege alle möglichen Zwischenstufen buchen konnte. Die Apartments liegen in einer schönen Villa, es gibt (immer noch) deutsches Fachpersonal, ein Notrufsystem, ein Restaurant und viele Unterhaltungsmöglichkeiten.

Ein anderer Anbieter aus Deutschland ist das Evangelische Johanneswerk (www.johanneswerk.de) mit drei Häusern in Spanien. Man wirbt mit deutschsprachigem Arzt und es werden Freizeitaktivitäten angeboten.

4

Auch wenn in Spanien – vor allem auf Mallorca – viel Deutsch gesprochen wird, sollte man es sich gut überlegen, ob man ohne Sprachkenntnisse des jeweiligen Landes auswandern will. Wer das tut, wird immer auf die Hilfe anderer angewiesen sein und wahrscheinlich kaum aus seinem (deutschsprachig geleiteten) Refugium herauskommen.

## Die Welt ist groß, die Angebote sind vielfältig

*Die Residenz in Bulgarien*

„Die Residenz liegt in einem Naturschutzgebiet … im Nordosten Bulgariens. Der Wohnkomplex hat insgesamt 18 Wohneinheiten unterschiedlicher Größe und Ausstattung. Die Anlage ist auf 12 000 qm gebaut. Eine Krankenschwester und ein deutschsprachiger Betreuer stehen täglich zu Ihren Diensten.

Die Anlage verfügt über einen beheizten Innenpool, Sauna, Fitnesscenter. Ein ausgebildeter Masseur kümmert sich um Ihr Wohlbefinden. …

Die Residenz ist kein Seniorenheim, es ist wie jeden Tag Urlaub oder Wohnen mit Service, wo Sie keine Langeweile bekommen, im Gegenteil, die Vielfalt wird Sie positiv überraschen …“

*Anmerkung:*

Der nächste Flughafen ist 100 Kilometer weit entfernt … und gerade bei Ländern, deren Sprache man nicht spricht und deren Kultur eine andere ist, besteht auch eine große Gefahr der Vereinsamung.

Gerade im Internet (beispielsweise www.immoscout24.de →Seniorenwohnen →Wohnen im Ausland) finden sich viele Angebote für Wohneinrichtungen für Senioren im Ausland, nicht nur in Spanien, sondern auch beispielsweise in Paraguay, Thailand, der Türkei und, siehe oben, Bulgarien. Das Bulgarien-Angebot ist dank der Kaufkraft des Euro sehr preiswert und auch für kleine Renten erschwinglich, aber ein Umzug in ein Land, dessen Sprache man nicht spricht, dessen Gesundheitssystem nicht so umfassend ist wie unseres und in dem man auf einen einzigen deutschsprachigen Betreuer angewiesen ist, will sehr gut überlegt sein. Daher gibt es Angebote, erst einmal einen Urlaub vor Ort zu verbringen. Ob aber ein Urlaub ausreicht, um zu beurteilen, wie ein Leben dort auch in gesundheitlichen Notsituationen funktionieren kann, darf bezweifelt werden.

In anderen Gebieten hingegen wird vor allem die Zielgruppe 50+ angesprochen, und zwar im eher hochpreisigen Sektor. Hier sind die Grenzen zwischen Feriendomizil und seniorengerechtem Wohnen verwischt, es handelt sich teils um geschlossene Anlagen für eine europäische kaufstarke Zielgruppe. Gerade Thailand und weitere ostasiatische Länder bieten sicherlich einen guten Service und die Einwohner sind von ihrer Kultur her grundsätzlich seniorenfreundlich eingestellt, aber auch hier sind fehlende Sprachkenntnisse und auch das zeitweise feucht-schwüle Klima dem Leben im Alter nicht unbedingt zuträglich.

*Dieses Problem stellt sich Herrn Peters nicht, er hat weder Sprachprobleme noch ist das Klima unangenehm. Herr Peters, ehemals wohnhaft in Süddeutschland, hat sich mit dem (frühzeitigen) Renteneintritt seinen Traum erfüllt: Der begeisterte Jäger und Reiter erwarb Land in Namibia.*

*Er verkaufte all seinen Besitz in Deutschland. Mit dem Geld ließ er das Gelände in Namibia bebauen und richtete eine Reit- und Jagdfarm ein. Von den Einnahmen dieses Unternehmens leben er und seine Lebensgefährtin. Krank werden dürfen die beiden allerdings nicht, selbst ein Reitunfall kann übel enden.*

*Zwar liegt das Farmgelände nur ca. zwei Fahrstunden von der Hauptstadt Namibias, Windhoek, entfernt, und in Windhoek gibt es zumindest für Privatpatienten gute Ärzte und auch ordentliche Krankenhäuser. Sprachprobleme gibt es keine, die Ärzte sprechen Englisch, manche auch Deutsch. Doch schon ein gebrochener Arm, eine Augenverletzung kann das Aus für das Unternehmen bedeuten. Keine Ausritte oder keine Jagdausfahrten – keine Gäste – kein Geld.*

*Und was passieren kann, wenn eine chronische Krankheit vorliegt, zeigt das Beispiel eines Bekannten, der ebenfalls in der Nähe Windhoeks wohnte: Der chronisch herzkranke Mann zog wieder nach Deutschland, weil die ärztliche Versorgung bei Herzleiden in Namibia zu schlecht war. Das Risiko war ihm zu groß, obwohl er sich sonst in der trockenen Wärme im Süden Afrikas sehr wohlfühlte.*

*Unvorstellbar ist es auch, dort ein Pflegefall zu werden.*

## Amerika, du hast es besser?

Amerika als Auswanderungsziel ist eher bei jüngeren Menschen beliebt. Doch haben die USA, eine Gesellschaft mit einem hohen Anteil an alten Menschen, gerade diesen einiges zu bieten. Die großzügige Bauweise oft ebenerdiger Wohnhäuser (mit Zugang über die Garage) ist für Senioren angenehm, ebenso die breiten Parkplätze, der gemächliche Fahrstil im Straßenverkehr, die vielen Aufzüge für die manchmal etwas bewegungsfaulen Amerikaner, das angenehme Klima vor allem im Südwesten – all das ist im Rentenalter sehr erfreulich.

Auch interessante Ansätze für das Wohnen und Leben im Alter gibt es im Land der fast unbegrenzten Möglichkeiten. Bekannt sind bei uns vor allem die sogenannten Closed Communities/Gated Communities/Retirement Communities, also regelrecht eingezäunte Siedlungen, in denen nur Menschen ab einem bestimmten Alter, meist 55, leben dürfen. Jüngere, also etwa deren Kinder und Enkel, dürfen nur zu Besuch kommen. Wie genau das abläuft, ist je nach Community unterschiedlich geregelt. Unterschiedlich sind auch die Angebote an die „alten“ Bewohner. Oftmals gibt es viele kulturelle und sportliche Einrichtungen, also gemeinsames Walking, Gymnastikkurse. Meist ist ein großer Swimmingpool angegliedert, oft auch mehrere. Manchmal gibt es einen Golfplatz. Je nach Angebot wird auch Pflege im eigenen Haus angeboten, ein Arzt ist rund um die Uhr erreichbar. Viele der Bewohner schätzen die Ruhe (kein Kindergeschrei, kein Bolzplatz, kein nächtliches Gegröle auf der Straße) und die Sicherheit dieser geschlossenen Siedlung (man muss, um hineinzukommen, sich ausweisen und angeben, wen man besuchen will. Dann wird man dort angemeldet. Erst dann darf man passieren). Wer allerdings gerne auch mal jüngere Leute um sich haben möchte, ist in einer solchen Einrichtung fehl am Platz. Ob solche geschlossenen Siedlungen bei uns sinnvoll wären, bleibt offen. (Süd-)Amerikaner oder auch Südafrikaner kennen diese Art des Wohnens, allerdings nicht auf Alte begrenzt, bereits von anderen geschlossenen Siedlungen, die sich aus Sicherheitsgründen nach außen hin abschotten.

### Bericht aus der Closed Community

*Frau Meringer ist 1957 mit ihrem Mann und Sohn nach Amerika ausgewandert, ihr Mann sah bessere berufliche Chancen dort. Er ist leider schon vor einiger Zeit verstorben. Mit ihm zog sie 1994 in eine sogenannte Closed Community ca. 100 Kilometer nordöstlich von Los Angeles. Sie beschlossen, aus ihrer alten Umgebung (ebenfalls in Kalifornien) wegzuziehen und eine altersgerechte Immobilie zu erwerben, da ihnen ihr Haus mit großem Garten und vielen Obstbäumen im höheren Alter zu viel Arbeit machte. Damals begann der Bau der Closed Community auf dem Gelände einer ehemaligen Truthahn-Farm, der Jess Ranch.*

Meringers gehörten mit zu den ersten Bewohnern. Als sie einzogen, war das Gelände noch recht übersichtlich, und die Häuser hatten ein Notrufsystem, das es aus Kostengründen heute leider nicht mehr gibt. Heute stehen hier einige Hundert Häuser, es gibt einen großen Supermarkt, Ärzte in der Umgebung, kulturelle und sportliche Angebote. Und es wird weiter gebaut …

Alles befindet sich hinter einem bewachten Tor, das man nur als Bewohner oder angemeldeter Besucher passieren darf.

Das Haus „Silberfalke“, das sie damals kauften, ist für deutsche Verhältnisse mit seinen ca. 200 qm immer noch groß, für amerikanische Verhältnisse überschaubar. Im Erdgeschoss hat es ein sehr großes Wohnzimmer, das in ein Esszimmer und die Küche übergeht. Auch ein großes Schlafzimmer mit angeschlossenem Bad und Schrankraum befindet sich im Erdgeschoss. Dieses benutzt die Neunundachtzigjährige zurzeit, um nicht Treppen steigen zu müssen. Im Obergeschoss befinden sich weitere Räumlichkeiten wie Schlafzimmer, Bäder, Arbeitszimmer.

Der Sohn wohnt rund zwei Stunden entfernt, die Enkeltochter etwa eineinhalb Stunden in die andere Richtung. Ihr Sohn geht auch schon auf die Siebzig zu, ist aber noch fit und besucht sie oder fährt mit ihr zur Enkeltochter, wo es seit Neuestem auch eine Urenkelin gibt.

Frau Meringer ist froh, in dieser Closed Community zu wohnen. Was schätzt sie an ihrem Wohnort? Sie berichtet:

*„Es ist angenehm ruhig hier, sehr ruhig. Hier dürfen nur Menschen über 55 wohnen. Kinder dürfen aber zu Besuch kommen. Ich habe gute Kontakte zu meinen Nachbarinnen. Auch deren Männer sind leider schon verstorben, aber wir Frauen telefonieren täglich und gehen auch manchmal gemeinsam zum Essen.*

*Auch mit meinem Sohn telefoniere ich täglich, denn ich komme nicht mehr so oft aus dem Haus. Ich habe zwar noch ein Auto, fahre aber kaum mehr, der Verkehr ist zu viel geworden und meine Reaktionsfähigkeit schlechter. Mehrmals die Woche kommt eine Frau ins Haus, die mir im Haushalt hilft und mich mit meinem Auto zum Einkaufen oder Friseur fährt. Kochen kann ich noch selbst. Ungefähr einmal in der Woche kommt ein Gärtner und kümmert sich um den Rasen und die Außenanlagen.*

*Das Klima hier ist angenehm, es ist eine wüstenartige Gegend mit trockener Hitze, das ist viel angenehmer als Feuchtigkeit. Die Winter sind mild.*

*Ich fühle mich sicher in meiner Closed Community, die Kriminalität bleibt draußen. Ich bin froh, dass ich – zwar mit Hilfe, aber dennoch selbstständig – in meinem Haus leben kann.*

*Früher sind wir viel gereist, das geht jetzt nicht mehr. Umso wichtiger ist es, dass man sich zu Hause wohlfühlt."*

Eine weitere typisch amerikanische Art, das Rentenalter zu verbringen, betreiben die *sun birds*, die Zugvögel. Diese älteren Menschen, meist Paare, haben sich einen mehr oder weniger großen Wohnwagen als ein rollendes Zuhause angeschafft und reisen der Sonne hinterher. Mancher hat sein ganzes Hab und Gut für den Wohnwagen verkauft, andere haben ihre Basis, das Haus, behalten. Alle aber ziehen sie im Winter vor allem nach Florida, Kalifornien oder Arizona/New Mexico, um ohne Schnee und Kälte über den Winter zu kommen. Viele leben dabei sehr luxuriös, andere sind froh, dass sie im Süden die Heizkosten sparen können. Auch die „Campingplätze" sind höchst unterschiedlich – manche liegen im Nirgendwo, wo es gerade mal Anschlüsse für Elektrik und Wasserversorgung gibt, andere sind höchst komfortabel mit Wellnessangeboten, Pools und Spa. Das klingt recht hübsch, abwechslungsreich und auch ein bisschen abenteuerlich, aber krank und pflegebedürftig werden sollte man bei diesem Lebensstil besser nicht.

Für die Links sowie für den Download von weiterführenden Informationen und Publikationen siehe auch unsere Verlagswebseite:

➤ www.alcorde.de/service/links-und-downloads

5

# Wohngemeinschaften und alternative Wohnformen

- Wohngemeinschaften
- „Gemeinschaftliches Wohnen und Leben für Senioren und Junggebliebene“
- Eine prominente Wohngemeinschaft
- HaGeF – Hausgemeinschaft für Frauen
- Beginenhof

## Wohngemeinschaften



Man wird älter und damit ändern sich fast automatisch die Ansprüche, Vorlieben und Neigungen. Die Berufstätigkeit geht zu Ende, man hat plötzlich mehr Zeit und weniger Aufgaben. Oft wechselt auch das familiäre Umfeld. Die Kinder ziehen weg, der Partner stirbt – und plötzlich steht man alleine da. Ein Leben in Einsamkeit muss deshalb aber noch lange nicht sein, weshalb viele Senioren sich für eine der immer beliebter werdenden Wohngemeinschaften interessieren. Viele erhoffen sich von einer Wohngemeinschaft gegenseitige Unterstützung. Wer sich in einer Gemeinschaft wohlfühlt, aber dennoch auf Eigenständigkeit Wert legt, die menschliche Nähe, aber auch seine Individualität schätzt und sich noch zu jung und fit fühlt für eine „richtige" Pflegeeinrichtung, für den kann eine Wohngemeinschaft die ideale Wohnform sein. Sie kann, muss aber nicht, zu einer Art Familienersatz werden.

Wohngemeinschaft muss auch nicht zwangsweise die klassische „WG" innerhalb einer Etagenwohnung mit gemeinsamer Küche und gemeinsam zu benutzendem Bad bedeuten. Einzelne Wohnungen innerhalb eines Hauses mit gemeinschaftlich genutzten Services kommen im fortgeschrittenen Alter meist eher infrage. So hat jeder seinen Rückzugsbereich, man teilt sich weder Bad noch Küche. Oft hat man allerdings Gemeinschaftsräume zur Verfügung, das können eine Bibliothek, eine Werkstatt oder auch nur ein gemeinsamer Feierraum/Treffpunkt sein.

Solche Angebote sind bereits auf der Internetseite von beispielsweise www.immobilienscout.de unter der Rubrik Senioren-Wohngemeinschaften zu finden. Diese WGs bieten die Möglichkeit, in den eigenen vier Wänden selbstbestimmt in einer Gemeinschaft zu leben. Die Angebote sind nach Bundesland sortiert und bieten eine kleine Auswahl von Wohnmöglichkeiten. Bei den auf immobilienscout veröffentlichten Angeboten handelt es sich allerdings häufig um ambulant betreute Wohngruppen, zum Beispiel für pflegebedürftige und/ oder demente Menschen.

Eines der Projekte, in denen selbstbestimmt, aber gemeinsam gelebt wird, ist das Wohnprojekt Eberhardstraße 30 in Göppingen, einer Stadt mit knapp 60 000 Einwohnern in Baden-Württemberg:

## „Gemeinschaftliches Wohnen und Leben für Senioren und Junggebliebene"

Unter dieser Überschrift wird für diese Wohnform geworben. Hier wurde ein ehemaliges Schwesternwohnheim, das zwischenzeitlich auch als Studentenwohnheim diente, schwellenfrei umgebaut. Die Lage des Hauses ist ruhig, aber zentral am Rande des Stadtzentrums, Einkaufsmöglichkeiten und Anbindung an den öffentlichen Nahverkehr sowie an Freizeitaktivitäten (zum Beispiel Thermalbad) sind gegeben. Ärzte, Apotheken und ein Physiotherapeut befinden sich in der Nähe. Parkplätze gibt es am Haus, aber „ein Auto ist nicht notwendig, wenn man auch nur einigermaßen zu Fuß ist", sagt der erste Mieter des Projekts. Auch der Bahnhof ist nicht weit.

Das Gebäude wurde unter den Gesichtspunkten der Barrierefreiheit und Energieeffizienz modernisiert, was sich in den überschaubaren Nebenkosten zeigt. Die Investition in Solaranlage und Wärmepumpe lohnt sich.

Auf jedem Stockwerk gibt es sechs Apartments von 24 bis 30 qm Wohnfläche mit Fußbodenheizung für jeweils eine Person, dazu eine Gemeinschaftsfläche mit Wohnbereich, Kochen und Essen. Die Apartments verfügen über Bäder mit bodenebenen Duschen. Jeweils ein Apartment pro Stockwerk wurde behindertengerecht gestaltet, alle Etagen sind mit einem Aufzug erschlossen.

Im Dachgeschoss befinden sich eine sehr schöne Dachterrasse und Gemeinschaftsräume, so ein kleiner „Kinosaal“, in dem auch kleinere öffentliche oder halböffentliche Veranstaltungen stattfinden können. Zurzeit wird der „Kinoraum“ nicht nur für Filmvorführungen, sondern auch für kulturelle Veranstaltungen wie Vorträge oder Kleinkunstdarbietungen genutzt, die gut ankommen. Diese Räume können auch für private Feiern reserviert werden. Die Wohnbaugesellschaft Göppingen plant, in Abstimmung mit den Mietern in einem noch leer stehenden Raum im Dachgeschoss „Wellness“ wie Sauna oder Whirlpool oder einfach eine große Badewanne einzubauen, da die Wohnungen lediglich über (große) Duschen verfügen.

Den Mietern stehen im Untergeschoss Abstellräume und zwei Hobbyräume zur Verfügung. Wie diese genutzt werden sollen, können die Mieter selbst entscheiden. Sie sind beheizt, eine Nutzung zum Beispiel als Werkraum oder Bastelraum ist möglich. Im Untergeschoss befindet sich auch die Waschküche. Pro Stockwerk gibt es eine Waschmaschine und einen Trockner. Wenn nicht alle Wohnungen belegt sind, kann man die leer stehenden Apartments für Kurzzeit-Besucher benutzen.

Dies ist keine betreute Einrichtung, nur ein gemeinsames Wohnen mit gemeinschaftlich nutzbaren Räumen für die Freizeitgestaltung und Hauswartservice. Das ist deutlich preiswerter als Betreutes Wohnen, setzt aber viel Eigeninitiative der Bewohner voraus. Pflegeleistungen „können vermittelt werden“ – das könnte man in einer x-beliebigen Hochhauswohnung aber auch haben. Auch dort könnte man in einer intakten Gemeinschaft Hilfe erfahren, wenn sie benötigt wird, und Menschen für gemeinsame Unternehmungen finden. Der große Unterschied zum Wohnen in einer „normalen“ Hausgemeinschaft liegt in der Gemeinschaftswohnung. Zwar hat jeder Bewohner sein eigenes Apartment mit großem Bad und

Balkon als privaten Rückzugsort, aber gekocht und gegessen wird in der Gemeinschaftswohnung. Diese besteht aus einem großen Raum, der als Wohn- und Esszimmer dient, eine offene Küche ist angegliedert. Ein riesiger Balkon bietet die Möglichkeit, auch im Freien zu essen. Die Küche ist groß und bestens ausgestattet, was jetzt noch fehlt, wird von der WGG (Wohnbau GmbH Göppingen) angeschafft. Überhaupt ist diese Wohnung sehr hell, freundlich und modern ausgestattet, der große Esstisch bietet sechs Personen Platz.

Ab 50 Jahren kann man hier einziehen, und das Projekt ist durchaus nicht nur für alleinstehende Rentner interessant. Auch ein Berufstätiger, der viel unterwegs ist und sich nicht um eine große Wohnung oder gar ein Haus kümmern kann und/oder will, wäre hier gut aufgehoben. Voraussetzung ist allerdings, dass man gemeinschaftsfähig ist und sich zumindest ab und zu über Gesellschaft freut. Wer sich nur in seinen eigenen vier Wänden verkriechen möchte, ist hier fehl am Platz. Ausweichen kann man sich dennoch.

Das Gebäude wurde nach dem Umbau im Februar 2010 fertiggestellt, Herr Müller zog im Sommer 2010 ein. Er ist bislang leider auch der einzige WG-Mieter in diesem wirklich schön gestalteten Umfeld. Woran könnte das liegen? Ist die Zeit noch nicht reif, oder zumindest in einer kleinen süddeutschen Stadt noch nicht reif? Die Projektleiterin auf Seiten der WGG, die auch Ansprechpartnerin der Mieter und potenziellen Mieter ist, glaubt aber fest an die Zukunft des Projekts. Es dauere möglicherweise etwas länger, bis „der Schneeball ins Rollen käme“, aber wenn, könnte eine Lawine daraus werden. Sie sagt aber auch, dass nicht jeder Interessent in die Hausgemeinschaft passe und dass die Apartments auch mit Fingerspitzengefühl vermietet werden müssten. Die Resonanz aus ganz Deutschland sei groß, aber viele Interessenten hätten doch lieber eine eigene Küche – womit dann aber das Gesamtkonzept hinfällig wäre.

Da bislang nur wenige Apartments vermietet sind, kann man in der Eberhardstraße auch „Wohnen im Boardinghaus“. Die (möblierten) Apartments werden Firmen für ihre Mitarbeiter angeboten, die nur kurze Zeit in der süddeutschen Stadt verbringen. Auch die Preise für die Boarding-Apartments sind bezahlbar, und nicht jeden Tag essen gehen zu müssen schont den Geldbeutel zusätzlich.



Zurzeit teilen zwei bis drei Personen sich mit Herrn Müller ein Stockwerk, das Zusammenleben auf Zeit funktioniert sehr gut. Die Geschäftsleute freuen sich, nicht im Hotel wohnen zu müssen, Herr Müller freut sich über Gesellschaft.

Herr Müller, der erste Mieter, erzählt:

*„Gestern wollten die beiden Boarding-Mieter eine Serie im Fernsehen ansehen. Das hat mich nicht interessiert, deshalb bin ich in den Kinoraum im Dachgeschoss und habe mir dort eine DVD angeschaut. Dort oben kann man auch die Musik mal voll aufdrehen, ohne jemanden zu stören.“*

*Er erzählt weiter: „Als meine Enkel mich zum ersten Mal hier besuchten, müssen sie sehr beeindruckt gewesen sein. Sie erzählten nämlich daraufhin im Kindergarten, dass der Opa ein riesiges dreistöckiges Haus mit Dachgarten bewohnt.“*

*Herrn Müllers Enkel haben diese neuartige Wohnform schneller begriffen als mancher aus der Zielgruppe: Man bewohnt ein schönes kleines Apartment, hat aber ungleich mehr Platz zur Verfügung als etwa in einer Etagenwohnung. Man kann den Dachgarten und die Räumlichkeiten im Dachgeschoss nutzen, die Hobbyräume im Untergeschoss, muss das eigene Bad nicht mit einer Waschmaschine zustellen und hat zudem noch das gemeinsame Wohn-/Esszimmer mit Küche und „Wohn“-Balkon.*

*Das alles kostet ca. 450 bis 510 Euro monatlich, inklusive der Nebenkosten.*

## Eine prominente Wohngemeinschaft

Bekannt wurde diese alternative Wohnform für Senioren vor allem durch den ehemaligen Bremer Bürgermeister Henning Scherf.

Er lebt seit 1987 mit seiner Frau in einer Wohngemeinschaft in Bremen, die sich aus vier eigenständigen Wohnungen in einem barrierefreien Haus zusammensetzt. Wer sich jetzt fragt, warum sich das Ganze denn Wohngemeinschaft nennt, wird feststellen, dass es sich beileibe nicht um ein ganz normales Mehrfamilienhaus handelt.

Man trifft sich jeden Samstag zum Frühstück, man teilt sich ein Auto, und die Türen der einzelnen Wohnungen stehen meist offen. Man hält zusammen und teilt sich die Arbeit im und ums Haus nach einem festen Plan auf.

Die gut funktionierende Haus- oder Wohngemeinschaft steht auf einer festen Basis: Die heutigen Bewohner „übten“ das Leben in einer Wohngemeinschaft, indem sie zum Beispiel Urlaub in gemeinsamen Ferienwohnungen verbrachten (und noch verbringen). Lange wurde über die Art des Zusammenlebens diskutiert, und es hat sich gelohnt. Die Bewohner unternehmen viel miteinander und stehen einander auch in schlechten Zeiten bei.

Die drei Kinder der Familie Scherf waren sehr skeptisch, als sie von den Plänen der Eltern hörten. Mittlerweile haben sie sich an die WG gewöhnt und kommen mit Scherfs Enkelkindern gerne vorbei.

Auch wenn Henning Scherf in einer Art Senioren-WG wohnt, propagiert er dennoch integrierte Nachbarschaften und generationsübergreifende Projekte. Er ist der festen Überzeugung, dass das Trennen von Generationen und die Verwahrung von alten Menschen in „Altenbunkern“ zu deren Einsamkeit beiträgt.

Henning Scherf hat über das Alter und das Leben im Alter

zwei Bücher geschrieben: „Grau ist bunt: Was im Alter möglich ist“ (2007, Verlag Herder, Freiburg) und „Das Leben bleibt bunt“ (2009, Verlag Herder, Freiburg).



Wer Interesse an einer Senioren-WG hat, kann es wie Familie Scherf machen und mit Gleichgesinnten zusammen eine Wohngemeinschaft gründen. Die Entscheidungsfindung kann hier aber recht lange dauern. Oder man sucht sich ein bestehendes Projekt, Ansprechpartner sind Seniorenberatungen und Wohn- bzw. Sozialämter der Städte. Eine weitere Möglichkeit ist auch die Internetseite www.pluswgs.de, wo freie Plätze in Wohngemeinschaften angeboten werden.

Egal was man macht, man sollte an Henning Scherfs Worte denken, der die Wahl der „richtigen Leute“ als das Schwierigste an einer WG-Gründung bezeichnete.

## HaGeF – Hausgemeinschaft für Frauen

Die an diesem Projekt in der 92 000-Einwohner-Stadt Esslingen bei Stuttgart beteiligten Damen haben sich die Partnerwahl auch nicht leicht gemacht. Anlässlich einer Veranstaltung „Wohnen in Gemeinschaft“ beschlossen einige der anwesenden Frauen, eine Hausgemeinschaft für Frauen zu gründen. Die Frauen, die sich kurz vor der Rente oder bereits im Ruhestand befanden, wollten nicht nur über alternative Wohnformen nachdenken, sondern diese in die Tat umsetzen. Daraus wurde dann der Verein „HaGeF“, der das Wohnen für Frauen in Gemeinschaft ermöglichen will. Überkonfessionell und nicht ideologisch, möchte man ein selbstbestimmtes Leben im Alter in Gemeinschaft realisieren, dabei aber die Eigenständigkeit der einzelnen Mitbewohnerinnen fördern.

Vom Beschluss bis zur Umsetzung war es ein weiter Weg. Zum gegenseitigen besseren Kennenlernen unternahm man auch gemeinsame Freizeitaktivitäten. Es wurden viele bestehende Häuser besichtigt, doch waren alle Objekte entweder ungeeignet oder zu teuer.

Man traf sich regelmäßig einmal im Monat und besprach das Projekt. Die Frauen wünschten sich ein Gebäude mit abgeschlossenen, barrierefreien Wohnungen und einem Gemeinschaftsraum in zentraler Lage mit guter Infrastruktur. Im Haus sollte ein soziales Netzwerk geschaffen werden, man möchte sich gegenseitig bei vorübergehender Krankheit oder im Hilfebedarf versorgen und auch in der Nachbarschaft aktiv werden, sich nicht nur auf sich selbst konzentrieren.

Nun ist der Startschuss zum eigenen Objekt erfolgt: Esslingens Oberbürgermeister Dr. Jürgen Zieger tat den symbolischen Spatenstich für dieses Modellprojekt. Auf einem für Baugemeinschaften reservierten Areal hilft die EWB, die Esslinger Wohnungsbau GmbH, den Damen, ihren Wohntraum zu verwirklichen. Erstellt wird ein barrierefreies Mehrfamilienhaus mit Aufzug in zentraler Lage mit zehn Zweizimmerwohnungen sowie einer Dreizimmerwohnung und zwei Penthouse-Wohnungen, in das sich die Frauen einmieten oder einkaufen können. Ab Sommer 2012 sollen sie einziehen können.

*Der Oberbürgermeister sagt:*
Angesichts des steigenden Durchschnittsalters unserer Bürgerinnen und Bürger sind wir auf neue Ideen, Experimente und innovative Projekte angewiesen. Die HaGeF ist in meinen Augen ein solches Modellprojekt, das unserer Gesellschaft und der Stadt Esslingen gut tun wird. Die Damen sind Vorreiterinnen für eine alternative Möglichkeit des gemeinsamen Wohnens im Alter. Dass sie auch im Wohnumfeld aktiv werden möchten, freut mich besonders.

*Dr. J. Zieger, Architekt und Stadtplaner,*
*Oberbürgermeister der Stadt Esslingen*

5

Esslinger Wohnungsbau GmbH
Plochinger Straße 24/1
73730 Esslingen am Neckar
Telefon: (07 11) 93 18 84-0
Telefax: (07 11) 93 18 84-44
E-Mail: info@ewb-esslingen.de oder
Frau Haslimann, c.haslimann@ewb-es.de
Internet: www.ewb-es.de

*Das Esslinger Modell*

Oft ist es für Baugemeinschaften schwer, schon in der Planungsphase genügend Mitglieder für die Erstellung eines gemeinschaftlichen Mehrfamilienhauses zu finden. Für solche Fälle entwickelte die EWB, die zu 50 Prozent im Besitz der Stadt Esslingen ist, das „Esslinger Modell". Der Bauträger finanzierte einige Wohnungen und kümmerte sich um deren Verkauf. Auf diese Weise wurden schon mehrere Baugemeinschaften unterstützt.

## Beginenhof

Wieder sind es Frauen, die sich zu einem alternativen Wohnprojekt zusammengeschlossen haben. Vielleicht liegt es ja daran, dass sie statisch gesehen eine höhere Lebenserwartung haben als Männer, vielleicht liegt es aber auch daran, dass sie die sozialeren und kommunikationsfähigeren Wesen sind? Dass sie es traditionell gewohnt sind, sich um andere zu kümmern? Oder dass sie schlechter allein sein können?

Im Beginenhof in Berlin leben nur Frauen, allerdings nicht nur Seniorinnen. 1992 wurde der Verein Beginenwerk nach dem Vorbild der mittelalterlichen Beginenhöfe gegründet, 2007 konnten 53 Frauen in das Modellprojekt einziehen. Männer sind übrigens zugelassen, dürfen aber keine Wohnung erwerben. Der moderne Beginenhof ist so erfolgreich, dass bereits ein zweiter in Berlin gebaut wurde. Auch hier wurde die Verbindung zwischen gemeinschaftlich wohnen und unabhängig leben geschaffen. Das selbst organisierte gemeinschaftliche Wohnprojekt in zentraler Lage für Frauen verfügt über 24 Eigentumswohnungen und Gemeinschaftsräume, alles barrierefrei. Das Projekt ist offen für Frauen jeden Alters, jeder Weltanschauung, Religion und Lebensweise. Toleranz soll das gemeinsame Leben prägen, ein Interesse an der Gemeinschaft wird vorausgesetzt. Die Verwaltung und Pflege des gemeinschaftlichen Eigentums erfolgt in Arbeitsgemeinschaften. Auch dieses Bauvorhaben wird mit einem Bauträger realisiert, der die Wohnungen zu einem garantierten Festpreis an Frauen der Gemeinschaft verkauft.

Beginenhof Kreuzberg
Erkelenzdamm 51
10999 Berlin
Telefon: (030) 6 15 91 77
E-Mail: info@beginenwerk.de
Internet: www.beginenwerk.de

*Weitere Informationen zu Wohngemeinschaften:*
www.wohnprojekte-portal.de,
www.neue-wohnformen.de und
www.wohnprojekte-vz.de
sowie das Forum gemeinschaftliches Wohnen
www.fgw-ev.de bieten eine gute Übersicht über
bestehende und geplante Gemeinschaftsprojekte.

Für die Links sowie für den Download von weiterführenden Informationen und Publikationen siehe auch unsere Verlagswebseite:
➤ www.alcorde.de/service/links-und-downloads

6

# Mehrgenerationenhaus oder Seniorendorf?

- Wohnen im Mehrgenerationenhaus
- Wohnen im Seniorendorf

Gemeinsam nicht einsam? Wenn man die steigenden Scheidungsquoten (etwa jede dritte Ehe wird geschieden), die hohe Zahl der Singles und die sinkende Zahl der traditionellen Familien betrachtet, fragt man sich unwillkürlich, ob wir in Zukunft nur noch Ein-Personen-Haushalte haben werden. Viele sind damit zufrieden, ihr „eigener Herr“ zu sein, aber anderen fehlen die Unterstützung, die soziale Integration und auch die Zuwendung anderer Menschen.

Im Jahr 2008 lebte insgesamt jede fünfte Person in der zweiten Lebenshälfte ohne Partnerin oder Partner. Auch die Tatsache, dass zunehmend mehr Menschen keine Kinder haben, hat vielfältige Konsequenzen für die gesellschaftliche Entwicklung. Da die heutigen Älteren zumeist vorrangig von ihren Kindern unterstützt werden, ist es unklar, wer für die steigende Anzahl kinderloser Älterer sorgen wird. Sorgen bedeutet auch nicht unbedingt pflegerische Maßnahmen, denn die können Dienstleister erbringen. Es geht auch um emotionalen Beistand, Unterstützung in seelischen Krisensituationen. Dieser Beistand kommt sicherlich auch von Freunden und Nachbarn, und hier muss man ansetzen.

Weil es immer weniger „traditionelle“ Familien gibt, weil Familienmitglieder oft weit voneinander entfernt wohnen, muss es zwangsläufig mehr alternative Wohnformen geben, die nicht an der Familie orientiert sind.

## Wohnen im Mehrgenerationenhaus

Früher war es selbstverständlich, dass Kinder, Eltern und Großeltern unter einem Dach wohnten. Jeder hatte im Familienverbund seine Aufgabe, keiner war überflüssig, da jeder seinen Fähigkeiten entsprechend gebraucht wurde. Daher ist das Wohnen in einem Mehrgenerationenhaus keine neue Erfindung. Modelle dazu gibt es zuhauf, man kann unter dem

Oberbegriff Mehrgenerationenhaus sehr unterschiedliche Wohnformen verstehen. Eines haben sie allerdings gemein: Hier sollen Jung und Alt in einer Gemeinschaft leben, also ganz im Gegensatz zu einer amerikanischen Closed Community. Die Generationen sollen wie früher voneinander profitieren, sich gegenseitig unterstützen. Und keiner soll dazu gezwungen sein, seinen Lebensabend alleine zu verbringen. Schließlich ist ein neuer Lebensabschnitt immer auch die Chance für eine Veränderung.

In Deutschland gibt es ca. 500 Mehrgenerationenhäuser, die nicht nur als Wohnmöglichkeit für bis zu vier Generationen dienen, sondern auch lokale Treffpunkte sein können. Auch bürgerschaftliches Engagement wird durch diese Häuser gefördert. Sie machen Angebote zur Kinderbetreuung, aber auch zur Pflege alter und kranker Menschen. Sie stärken die soziale Infrastruktur und zeichnen sich durch ihre – allerdings sehr unterschiedlichen – Angebote und Dienstleistungen aus.

Viele haben offene Treffs – gehen Sie einfach mal hin und lassen Sie die Atmosphäre auf sich wirken. Oder schauen Sie unter www.mehrgenerationenhaeuser.de, welches dieser Häuser sich in Ihrer Nähe befindet.

## *Drei Beispiele:*

### *Das Wohnprojekt mikado*

in Gerlingen (bei Stuttgart) ist ein genossenschaftliches Projekt, hier steht das Miteinander im Vordergrund. Toleranz und Kompromissbereitschaft sind unabdingbare Voraussetzungen für ein Leben in einer solchen Anlage. Ähnlich wie bei der Senioren-WG in Göppingen gibt es private und öffentliche Räume, zum Beispiel für gemeinsame Feste. Über die Nutzung der Gemeinschaftsbereiche befindet die Hausgemeinschaft.

Anders als in der Wohngemeinschaft in Göppingen entscheiden die Mitglieder über die Verwaltung und die Organisation des Hauses. Auch über die Aufnahme neuer Mitglieder in die Hausgemeinschaft entscheidet die Gruppe gemeinsam. Man hilft sich gegenseitig, sei es bei der Kinderbetreuung oder beim Einkaufen, Fahrdienst etc. – je nach persönlichen Möglichkeiten und Fähigkeiten. Eine dauerhafte Pflege einzelner Mitbewohner ist aber ausgeschlossen. In Gerlingen ist allerdings geplant, einige der voraussichtlich 29 Wohnungen unterschiedlicher Größe für Behinderte auszustatten, diese sollen auch von der Behindertenhilfe Leonberg e. V. betreut werden. Das Haus und seine Zugänge sind barrierefrei, was nicht nur den älteren Bewohnern zugute kommt. Der Gartenbereich wird gemeinschaftlich genutzt. Die Wohnungen sollen mehrheitlich Eigentumswohnungen sein, aber auch angemietet werden können. Wer eine Wohnung mieten oder kaufen will, muss Mitglied der Wohngenossenschaft und somit der Bauherrengemeinschaft werden.



Auch dieses Projekt liegt nahe beim Ortszentrum und hat eine gute Anbindung an den öffentlichen Nahverkehr. Wie sich das Zusammenleben entwickeln wird, bleibt noch abzuwarten. Das Haus wurde im Mai 2011 fertiggestellt, im September war gerade noch eine Eigentumswohnung frei.

pro... gemeinsam bauen und leben
Wohngenossenschaft eG
Haußmannstraße 6
70188 Stuttgart
Telefon: (07 11) 2 34 81 62
Telefax: (07 11) 4 70 48 82
E-Mail: info@pro-wohngenossenschaft.de
Internet: www.pro-wohngenossenschaft.de

*Tipp*
Die GLS-Bank (www.gls.de) ist eine der sozialökologischen Banken, die zukunftsweisende Projekte finanzieren. Ziel der Bank ist eine nachhaltige Gesellschaftsentwicklung, die sie durch die finanzielle Unterstützung von Projekten für regenerative Energien, ökologische Landwirtschaft und nachhaltiges Bauen oder auch Behinderteneinrichtungen fördern will.

*WohnArt Bad Kreuznach*
Auch hier handelt es sich um ein genossenschaftliches Wohnprojekt. Es haben sich bei WohnArt Menschen unterschiedlichen Alters und unterschiedlicher Herkunft zusammengefunden, um ein generationenübergreifendes Wohnen zu fördern. Sie möchten selbstbestimmt in einer toleranten, lebendigen Nachbarschaft wohnen, die geprägt ist von kulturellem Austausch, gegenseitiger Wertschätzung und Hilfsbereitschaft.

Um das zu erreichen, muss bezahlbarer Wohn- und Lebensraum geschaffen werden, der mit seiner barrierefreien Architektur das Miteinander möglich macht, ohne die individuelle Unabhängigkeit einzuschränken. Umweltaspekte sind den Genossenschaftlern ebenso wichtig wie ein ruhiges, sicheres Wohnen, das sie durch Bildung von Sackgassen erreichen wollen. Neue Formen der gegenseitigen Unterstützung sollen gelebt werden, es soll eine aktive gemeinsame Freizeitgestaltung stattfinden.

Das Gelände gibt ihnen auch die Gelegenheit dazu, denn es handelt sich um ein ehemaliges, recht weitläufiges Kasernenareal. Kurze Wege zu Einrichtungen wie Arztpraxen oder zu Einkaufsmöglichkeiten und Freizeitangeboten sind gegeben, das Gelände liegt im sogenannten Musikerviertel von Bad Kreuznach.

Im Juli 2011 wurde der erste Bauabschnitt mit elf Wohnungen und einer Gemeinschaftsfläche fertiggestellt, alle Wohnungen sind schon vergeben. Das Projekt wurde vom Land Rheinland-Pfalz gefördert. Für Herbst 2012 ist die Fertigstellung des zweiten Bauabschnitts geplant, hier sind im April 2012 schon zehn von elf Wohnungen vergeben. Das Konzept wird also angenommen. Die Wohnungen sind sowohl zum Kauf als auch zur Miete erschwinglich, der laufende Unterhalt ist durch regenerative Energien und gemeinsame Besitztümer wie Waschmaschinen günstig.



WohnArt eG
Eva-Maria Knauthe (Vorstandsmitglied und Bewohnerin im 1. Bauabschnitt)
Richard-Wagner-Straße 64
55543 Bad Kreuznach
Telefon: (06 71) 97 04 39 39
E-Mail: info@wohnart-kreuznach.de
Internet: www.wohnart-kreuznach.de

*Das Modell „Wohnungsgenossenschaft" (Wohn eG)*

Hier wird ein gemeinschaftliches Eigentum angestrebt, die Genossenschaft hat kein Gewinninteresse. Eine eingetragene Genossenschaft (eG) ist eine günstige Rechtsform für kleinere Kooperationen. Das Modell bietet und fordert ein hohes Maß an Mitbestimmung und Eigenverantwortung. Die Genossenschaftsmitglieder sollen mit preiswertem, gutem Wohnraum versorgt werden, aber ohne Eigenkapital geht es nicht. Eine Mindestkapitaleinlage ist allerdings nicht vorgeschrieben, die eG haftet in Höhe ihres Vermögens.

*Baugemeinschaft Buchhorst-Garten*

Das Projekt der Baugemeinschaft Buchhorst-Garten in Gartow (Niedersachsen) fällt aus dem Rahmen, da es sich um ein gemeinschaftliches Wohnprojekt im ländlichen Raum handelt. Zumeist sind moderne bzw. alternative Wohneinrichtungen für Senioren in größeren Städten anzutreffen. Es handelt sich hier auch nicht um ein Mehrgenerationenhaus, sondern eher um eine Mehrgenerationensiedlung. Da man im ländlichen Raum mehr Platz hat und preisgünstiger bauen kann, entstehen hier barrierefreie Einzel- und Doppelhäuser mit Gemeinschaftseinrichtungen wie Waschküche und Versammlungsraum. Familien mit Kindern sind ebenso willkommen wie Senioren. Man will hier aber kein eigenes Quartier bilden, sondern möchte sich in die 1400-Einwohner-Gemeinde Gartow eingliedern.

Die Lage des 16 000 qm großen Grundstücks ist idyllisch. Einst ein ehemaliger gräflicher Garten, ist es von alten Bäumen umstanden und liegt naturbelassen im Biosphärenreservat Niedersächsische Elbtalaue. Zum Ort sind es 800 Meter, zum Gartower See ebenfalls. Die Siedlung hat einen Dorfanger im Zentrum.

Offenheit für soziale Kontakte und gute nachbarschaftliche Beziehungen sind der Baugemeinschaft wichtig. Gegenseitige Unterstützung und Hilfe wird ebenso angestrebt wie eine nachhaltige Lebensweise, zum Beispiel durch regenerative Energien, und die Förderung kultureller Unternehmungen. Der Autoverkehr wurde so weit wie möglich aus der Siedlung herausgehalten, anfallende Arbeiten sollen möglichst selbst erledigt werden, um das Wohnen preiswert zu gestalten. Angebote für Pflege und Versorgung bei Krankheit und Gebrechlichkeit sollen entwickelt werden.

Lokale Anbieter werden beim Bau bevorzugt, der Standard des Niedrigenergiehauses wird als Minimum angestrebt. Im Dezember 2011 wurde mit dem Bau der fünften Wohneinheit begonnen. Die Außenanlagen sind fertiggestellt, die Straße soll allerdings erst 2014 asphaltiert werden.

Das Projekt wird nicht genossenschaftlich betrieben, das Grundstück wurde durch die Entwicklungsgesellschaft Buchhorst-Garten erworben. Die einzelnen Interessenten kaufen Grundstücksanteile von der Entwicklungsgesellschaft nach Wohnungseigentumsgesetz.



Eich-Oppen-Pohlandt GbR
Altersgerechtes Wohnen
Elbholz 2
29471 Gartow
Telefon: (0 58 46) 15 83
E-Mail: info@buchhorst-garten.de
Internet: www.buchhorst-garten.de

## Wohnen im Seniorendorf

Sicherlich eignet sich die generationenübergreifende Wohnform nicht für jeden, auch wenn die positiven Seiten überwiegen: Man ist nicht alleine, man kann auch kurzfristig Hilfe bekommen, man hat auch junge Menschen um sich und bleibt daher näher am Leben dran. Trotzdem lebt man selbstbestimmt und kann im gesteckten Rahmen machen, was man möchte. Das meiste davon kann man, wenn man etwas mehr Ruhe wünscht, auch in einem reinen Seniorenprojekt genießen. Auch hier ist man nicht alleine, hat Freunde um sich, mit denen man Freud und Leid teilen kann. Hier ein Beispiel:

### *Seniorenwohnpark am Heideweg*

In Meppen im Emsland ist das erste deutsche Seniorendorf entstanden, das von der Idee her durchaus an die amerikanischen Closed Communities erinnert. Hier wollen ältere Menschen leben, die sich bewusst dafür entschieden haben, nur mit anderen Senioren, also Menschen ihrer Generation, zusammenzuleben. Man möchte unter sich sein. Die 44 Bungalows sind erschwinglich, können gekauft oder gemietet werden.

Eineinhalb Kilometer zur Innenstadt und ein Kilometer zum Supermarkt sind nicht ganz ideal, aber wenn man ruhig leben will, muss man wohl etwas außerhalb wohnen. Dafür liegt der Seniorenwohnpark Am Heideweg inmitten von Laubwäldern und am Wegenetz des Dortmund-Ems-Kanals. Eine Bushaltestelle in der Nähe ist günstig für diejenigen, die nicht mehr so gut zu Fuß sind. Schließlich ist der Seniorenwohnpark für Menschen ab 60 (Partner dürfen jünger sein) oder mit einer Schwerbehinderung von mindestens 80 Prozent gedacht. Alle Grundstücke sind verkauft, es wird schon an einer Erweiterung gearbeitet.

So viel Selbstständigkeit wie möglich und so viel Hilfe wie nötig: Jeder lebt individuell und selbstbestimmt, kann aber im Bedarfsfall Pflegedienste beauftragen. Es gibt ein Angebot über Serviceleistungen wie Winterdienst, Gartenpflege, Haushaltshilfe, Botengänge etc. sowie einen Notrufdienst und einen Ansprechpartner im Dorf. Ein zentrales Verwaltungsgebäude ersetzt das „Rathaus“ und ist gleichzeitig das Gemeinschaftszentrum.

Gebr. Wulf GmbH & Co. KG
Nicolaus-Augustin-Str. 10
49716 Meppen
Telefon: (0 59 31) 1 75 12
Telefax: (0 59 31) 1 30 86
E-Mail: info@wulf-meppen.de
Internet: www.seniorenwohnpark-am-heideweg.de

Falls auch Sie die Absicht haben, ein genossenschaftliches Projekt umzusetzen oder zusammen mit Freunden oder Gleichgesinnten ein gemeinsames Projekt auf die Beine zu stellen, sollten Sie Folgendes überdenken:

- Sind Sie eher der Typ für das generationenübergreifende Wohnen oder möchten Sie lieber unter Gleichaltrigen leben?
- Ist die Gruppe bereits gefunden oder suchen Sie noch nach Interessierten?
- Wo möchten Sie leben? Stadt oder Land? Beachten Sie die Verkehrsanbindung und die gegebene Infrastruktur.
- Ist das Baugrundstück schon gefunden? Wenn nicht, kontaktieren Sie öffentliche Ämter, um möglichst günstig an Ihr Traumgrundstück zu kommen.
- Barrierefreiheit ist ein Muss beim Bau der Häuser/Wohnungen. Ziehen Sie möglichst einen Architekten hinzu, der sich mit den entsprechenden Vorschriften auskennt und Sie beraten kann. Überlegen Sie, ob Sie mit einem Wohnungsunternehmen zusammenarbeiten wollen.
- Profitieren Sie von den Erfahrungen und lernen Sie aus den Fehlern anderer, die solche Projekte bereits umgesetzt haben.

Für die Links sowie für den Download von weiterführenden Informationen und Publikationen siehe auch unsere Verlagswebseite:

- www.alcorde.de/service/links-und-downloads

7

# Wohnen und leben im Quartier

- Zur Entwicklung der Wohnquartiere
- Wohnraum und Wohnumfeld
- Bildungs-, kulturelle und kommunikative Angebote sowie Selbstorganisation
- Pflege-, Unterstützungs- und Serviceangebote
- Wohnen im Quartier am Beispiel Klostergarten Kevelaer
- Das Dorf in Mülheim an der Ruhr

Was bedeutet eigentlich Quartier und warum ist dieser Begriff bei den Verantwortlichen einer Kommune, den Städteplanern und Fachleuten in aller Munde? Warum kommt dem näheren Wohnumfeld, dem Stadtviertel, dem Stadtteil und der Siedlung in den politischen und gesellschaftlichen Überlegungen wieder mehr Bedeutung zu? Im ländlichen Bereich hat das Leben und die Dynamik des Dorfes immer schon eine große Rolle gespielt. In den Regionen Deutschlands wird in den „Quartieren" seit jeher sehr unterschiedlich gelebt. In Berlin beispielsweise findet sich der „Kiez"-Begriff wieder, als Ausdruck eines begrenzten lebendigen Viertels oder eines Straßenzugs mit einer gut durchmischten Angebotsstruktur an Geschäften und eigener Mentalität; im Ruhrgebiet findet man, trotz großstädtischer Bebauung, in den Randgebieten häufig Siedlungsstrukturen vor. Welche Bedeutung hat das Quartier für die Menschen, die darin leben, vor allem für die Kinder, die Menschen mit Behinderungen und die ältere Generation? Wie muss ein lebendiges Viertel gestaltet sein, damit es lebens- und wohnenswert für die Menschen ist?

## Zur Entwicklung der Wohnquartiere

Ein kleiner Rückblick in die Vergangenheit lässt, zumindest bei differenzierter Beobachtung des Wohnumfeldes, eine eher quartiersfeindliche Entwicklung in den letzten Jahrzehnten erkennen. Noch in den 1970er-Jahren konnte man – wer erinnert sich nicht gerne zurück – in einem Viertel oder in einer Siedlung und auch in einem Dorf noch nahezu alle Dinge des täglichen Lebens einkaufen und erledigen. An fast jeder Ecke eines Häuserblocks oder eines Siedlungsabschnitts befanden sich ein kleiner „Tante-Emma-Laden", ein Bäcker, ein Metzger, ein Schreibwarenladen, ein Geschäft für Milchprodukte, eine Textilreinigung und einige Angebote mehr. Eine Post- und eine

Bankfiliale waren auch in näherer Umgebung, zumindest fußläufig, zu finden. Beim Bau dieser Häuser mit Ladenlokal hatten die damaligen Städte- und Siedlungsplaner in der ersten Hälfte des 20. Jahrhunderts bis in die 1950er-Jahre hinein sicherlich den Gedanken an eine wohnortnahe Versorgung in ihrem baulichen und städteplanerischen Konzept. Alle paar Wochen fuhren die in den Stadtteilen lebenden Menschen „in die Stadt"; damit meinten sie dann das Stadtzentrum mit Kaufhäusern und größeren Geschäften. So war es beispielsweise in den Städten des Ruhrgebiets. In weniger als zwei Jahrzehnten wurden in vielen Stadtvierteln diese Angebotsstrukturen jedoch nahezu aufgegeben.

Den Siedlungen und Dörfern ging es nicht viel besser. Zwar verlief diese Entwicklung nicht überall in Deutschland gleich und nicht überall gleich schnell, aber ein allgemeiner Trend war doch vielerorts zu beobachten. Was ist in vielen Städten passiert? Zunächst hatten sich die Angebote auf einige Kerngebiete eines Stadtteils konzentriert, dann wanderten sie verstärkt in die Stadtzentren, in die City, ab. Zusätzlich entstanden auf der grünen Wiese oder auf aufgegebenen, leer stehenden Industriebrachen neue Einkaufszentren, was den potenziellen Kunden immer größere Fahrwege abverlangt und was die mobile moderne Welt auch in Kauf zu nehmen scheint. Die Folgeerscheinungen der sich rasch und gewaltig entwickelnden Einkaufszentren am Rande der Stadt liegen auf der Hand und sind von jedermann zu beobachten. In den Stadtzentren entwickelt sich der Einzelhandel zurück und die Angebotsstruktur und -vielfalt lässt vielerorts zu wünschen übrig. Die größeren Einzelhandelsketten verlegen ihre Filialen nicht selten in die für den Kunden verkehrsgünstig zu erreichenden Einkaufszentren und verlassen die Stadtmitte. So blutet manches Stadtzentrum strukturell aus und verödet.

Dieser Blick in die Vergangenheit und auf die Entwicklung bis hin zur aktuellen Situation ist selbstverständlich nicht von jener Mentalität bestimmt, die in allem Früheren die „gute alte Zeit“ sieht und in allem Späteren nur deren Verfall, denn der Mensch baut sich seine Welt selbst und bewegt sich innerhalb gesamtgesellschaftlicher Entwicklungen. Der Begriff Barrierefreiheit in Bezug auf die Wohnung und das Wohnumfeld zum Beispiel hat vor vierzig Jahren noch keine Rolle gespielt – heute ist er wichtig geworden und wird, wenn auch erst in geringen Ansätzen, baulich umgesetzt. Solange der Mensch noch aktiv und flexibel daherkommt, kann er die Welt mit all ihrer Mobilität im positiven Sinne für sich nutzen.

In den nächsten zwei Jahrzehnten werden die geburtenstarken Jahrgänge in das Rentenalter kommen. Somit wird ein großer Teil der Bevölkerung in Deutschland ein Alter von 70 Lebensjahren und mehr erreichen. Im weiteren Verlauf nimmt die Zahl der 80- bis 90-Jährigen deutlich zu. Ein hoher Lebensstandard und eine gute Gesundheitsversorgung machen dies glücklicherweise möglich. Mit höherem Lebensalter, ab etwa 80 Jahren, lassen jedoch Mobilität und Beweglichkeit nach, sodass die Menschen lieber in ihrem Quartier bleiben. Doch schon heute wird die Gesellschaft von einer zunehmenden Zahl älterer Menschen geprägt. So stellen wir fest, dass bereits jetzt die Quartiere nicht oder nur mangelhaft auf diesen Umstand vorbereitet sind, obwohl die demografischen Statistiken uns die Zunahme der älteren Bevölkerung schon seit Langem zeigen. Die Gesellschaft erkennt aber erst seit wenigen Jahren die hohe Qualität eines lebendigen und gut strukturierten Quartiers mit all seinen Angeboten. Die Politik reagiert darauf mit Expertengruppen, Pilotprojekten und Förderprogrammen. Die Spitzenverbände der Wohlfahrtspflege, das Kuratorium Deutsche Altershilfe und andere Gruppierungen entwickeln theoretische Grundlagen für die Quartiersentwicklung. Die Akteure in einem Quartier sind neben der Kommunalpolitik die Einzelhandelsverbände, Vermieter, Wohnbaugesellschaften, Kirchengemeinden und Wohlfahrtsverbände und nicht zuletzt die Bürger selbst, die ihre Zukunft in die Hand nehmen müssen. Sie alle haben ein hohes Maß an Kompetenz, Sachverstand, Wünschen und Interessen in die Diskussion und Entwicklung einzubringen, um an derselben mitzuwirken.

### Der Quartiersgedanke

In den Modellüberlegungen werden immer wieder die Bezüge zum Wohnen, zur Teilhabe, zur Dienstleistung und zur gegenseitigen Unterstützung im Rahmen eines bürgerschaftlichen Engagements dargestellt. Der hilfebedürftige Senior oder behinderte Mensch soll selbstbestimmt sein Leben im Quartier mitgestalten. Die längere Lebensdauer bietet den Menschen die Chance, dies noch sehr lange nach dem Renteneintritt zu tun. Erst mit zunehmendem hohem Lebensalter steigt die Gefahr der Pflegebedürftigkeit und der Erkrankung an einer Demenz.

Mit diesem Anstieg erhöhen sich auch die Anforderungen an unser Gesundheits- und Sozialsystem und damit die Herausforderungen an die Gesellschaft. Im Jahr 2005 lag die Zahl der Pflegebedürftigen bei den 70- bis unter 75-Jährigen bei nur fünf Prozent, bei den über 90-Jährigen jedoch bei 60 Prozent. Von den 2,25 Millionen Pflegebedürftigen im Jahr 2007 wurden knapp zwei Drittel zu Hause versorgt, davon wiederum gut zwei Drittel durch Angehörige und ein Drittel durch ambulante Pflegedienste. Rund 700 000 Menschen wurden in stationären Einrichtungen versorgt. Aufgrund der geburtenstarken Jahrgänge wird sich in den nächsten 20 Jahren die Zahl der Pflegebedürftigen um schätzungsweise eine weitere Million erhöhen. Bereits im Jahr 2012 lag die Zahl der Pflegebedürftigen bei 2,4 Millionen.

## Wohnraum und Wohnumfeld



Nur wenige Prozent aller Wohnungen in Deutschland sind als barrierefrei zu bezeichnen. Wohnungsbaugesellschaften wissen seit Jahren um das Potenzial ihrer älteren Mieter, die teilweise seit Jahrzehnten den Wohnraum nutzen und in der Regel als gute, weil zuverlässige Mieter angesehen werden. So müssen nach und nach in großem Umfang und zeitnah mehrere Millionen Wohnungen barrierefrei oder zumindest barrierearm umgebaut werden, sodass innerhalb der Wohnung ein Leben mit körperlichen Einschränkungen möglich ist und auch der Zugang zum Haus und zu den Wohnungen innerhalb der Etagen eines Hauses kein Hindernis bildet (siehe dazu Kapitel 1). Der Einsatz von technischen Hilfsmitteln und elektronischen Systemen kann ein selbstständigeres Wohnen ermöglichen. Auch in diesem Bereich wird intensiv geforscht und entwickelt. Wohnungsbaugesellschaften arbeiten bereits seit einigen Jahren erfolgreich, beispielsweise im Bielefelder Modell, mit professionellen Dienstleistern zusammen und ermöglichen so ihren älteren Mietern, in ihrer angestammten Mietwohnung zu bleiben, oder errichten neuen Wohnraum nach den gewonnenen Erkenntnissen. Sie schaffen soziale Treffpunkte und vermitteln zuverlässige Hilfe rund um die Uhr.

Zum Wohnumfeld gehört neben einem ausreichenden Angebot an Einkaufsmöglichkeiten, Bank, Post, Friseur, Arzt und Apotheke auch der barrierefreie Zugang in die Häuser dieser Anbieter. Die Wege innerhalb des Viertels, die Frei- und Grünflächen müssen selbstverständlich Barrierefreiheit bieten, indem beispielsweise der Bodenbelag der Bürgersteige und Wege rutschfest und frei von Stolperkanten ist, der Bürgersteig an Straßenüberwegen abgesenkt ist, Ruhebänke in kurzen Abständen angebracht sind und eindeutige Hinweisschilder zu den Angeboten existieren. Für Menschen mit etwas eingeschränkter Orientierung, zum Beispiel einer leichten Demenz, können die Hinweisschilder zusätzlich mit Symbolen versehen werden. Die Erkenntnisse über die beste Gestaltung sind derzeit noch recht gering, gewinnen in der Städteplanung aber mehr und mehr an Bedeutung.

Der Einzelhandel hat heute die ältere Generation ebenfalls fest im Blick, obwohl zu beobachten ist, wie die Werbung immer noch hauptsächlich den jungen agilen Menschen anspricht. Die Hauptzielgruppe für die Angebote des Handels, der Banken, der Dienstleister ist jedoch schon heute, und in Zukunft noch viel mehr, der ältere Mensch. Dieser gilt in der Regel in seinen Wünschen und seinem Tun als verlässlicher und zumeist als solventer Kunde. Der Handel muss sich jedoch noch mehr auf seine älteren Kunden einstellen. Diese haben schließlich auch spezielle und differenzierte Wünsche und Vorstellungen von dem, was sie konsumieren. Interessant und hilfreich ist es zu beobachten, wie einige Supermärkte bereits ihre Mitarbeitenden im Umgang mit älteren Kunden schulen lassen, die ein höheres Maß an Zuwendung, Kommunikation und Orientierung benötigen. Die Mitarbeitenden sollen befähigt werden, besser auf diese Kunden einzugehen und sie zu unterstützen. Dabei wird auch das Thema Demenz offen angesprochen. Gleiches gilt übrigens auch für Schulungen, die Angehörigen der Polizei und Feuerwehr angeboten werden.

## Bildungs-, kulturelle und kommunikative Angebote sowie Selbstorganisation

Neben den Entwicklungen des Wohnraums und des Wohnumfelds besteht ein hoher Bedarf an kulturellen, kommunikativen und Bildungsangeboten. In diesem Aufgabenfeld arbeiten bereits heute Kirchengemeinden, Schulen, Seniorenorganisationen und viele andere Organisationen stadtteilbezogen zusammen. Für die Zukunft müssen sie ihre Programme weiter aufeinander abstimmen und sich somit besser vernetzen. In dieser Arbeit entstehen weitere Möglichkeiten der Begegnung und Kommunikation für Jung und Alt mit gemeinsam gestalteten Angeboten unter Berücksichtigung unterschiedlichster Interessenlagen. Diese sind sehr vielschichtig und reichen von Freizeitgestaltung wie künstlerisch-kreativer Betätigung, musisch-kulturellen Angeboten über Vorträge und Schulungsinhalte und Reiseangebote bis hin zur individuellen Beratung. Bürgerschaftliches Engagement und aktive Nachbarschaftshilfe werden zukünftig eine wesentliche Bedeutung in der Haltung des Einzelnen zu der Entwicklung und Nutzung solcher Angebote bekommen. Seniorenorganisationen werden dabei ein hohes Mitspracherecht und eine hohe Mitsprachepflicht haben. In einigen Modellen und Projekten sind zum Beispiel Seniorengenossenschaften gegründet worden, die eigene – auch pflegerische und unterstützende – Angebote für ihre Mitglieder entwickelt haben. In solch einer Organisationsform können ehrenamtliche und bezahlte Arbeit miteinander verwoben sein. Auch im ländlichen Bereich haben Bürger bereits wieder kleine Läden mit Waren des täglichen Bedarfs in Eigenregie eröffnet, die Jahre zuvor aus Gründen der Unrentabilität geschlossen worden waren.



## Pflege-, Unterstützungs- und Serviceangebote

Die Entwicklung von Pflegediensten und Tagespflegeeinrichtungen im Sinne guter und tragender ambulanter Strukturen wird derzeit weithin sträflich vernachlässigt. Trotz Beteuerung der Politik und der Kostenträger, dem Leitziel „ambulant vor stationär“ zu folgen, sowie der kleinen Pflegereform im Jahr 2008 werden den ambulanten Pflegediensten hohe Hürden in der Struktur ihrer Dienste auferlegt. Die Bürokratie ist auf ein unerträgliches Maß angewachsen und die Finanzierung lässt kaum Spielräume zu.

Tagespflegeeinrichtungen, die ein wichtiges Element der ambulanten Versorgung bilden und die die – noch pflegewilligen – Angehörigen im Wochenverlauf sehr entlasten können, müssen deutlich besser gefördert und in ihrer Organisation von unnötigen Vorschriften befreit werden.

Neueste Schätzungen gehen von einer fünfzehnprozentigen Zunahme stationärer Pflegeplätze (ca. 200 000) bis zum Jahr 2020 aus und schätzen die Kosten für die Neuschaffung und Modernisierung bestehender Einrichtungen auf knapp 30 Milliarden Euro. Es wird ein Wachstumsmarkt angenommen, der in den nackten Zahlen beängstigend wirkt. Auf die Frage, wie dies zukünftig finanziell zu stemmen ist und woher die weit mehr als 100 000 benötigten Pflegekräfte kommen sollen, gibt es keine realistische und ehrliche Antwort, zumal bereits heute ein Mangel an Pflegepersonal herrscht. Der Weg zu mehr und teuren Einrichtungen scheint unter den Gesichtspunkten knapper werdender finanzieller Ressourcen und geringerer zur Verfügung stehender Arbeitskraft ein Irrweg. Zwar werden auch weiterhin stationäre Einrichtungen benötigt – für Menschen, die schwer pflegebedürftig sind oder aufgrund einer Demenz sich nicht mehr orientieren können – und es müssen, wegen steigender Zahlen, auch zukünftig weitere hinzukommen. Bei einer besseren ambulanten, vor allem aber besser vernetzten Infrastruktur könnten jedoch deutlich mehr pflegebedürftige Menschen selbstständig in ihrer eigenen Häuslichkeit zurechtkommen und müssten kein stationäres Angebot in Anspruch nehmen. Das muss auch zukünftig das Bestreben in der Entwicklung der Pflege- und Serviceangebote sein.

Wie sollen die ambulanten Angebote ausgebaut und verbessert werden? Das Kuratorium Deutsche Altershilfe spricht von

Quartiershäusern und dem „Altenheim der 5. Generation". Das Konzept „Wohnquartier 4 = Die Zukunft altersgerechter Quartiere gestalten" siedelt Gesundheitszentren, Beratungsangebote, ambulante Wohngemeinschaften und Pflegebüros unmittelbar zentral im Stadtteil an. Die Quartiershäuser müssen ebenso zentral liegen und sich mit anderen Dienstleistern des Wohnumfeldes vernetzen. Sie müssen Dienstleistungs- und Servicefunktionen, auch in Form von Beratung und Unterstützung, übernehmen.



Von hier aus können Mahlzeitenangebote, hauswirtschaftliche und pflegerische oder auch sozialbetreuerische Angebote in ambulanter Form für das Wohnumfeld gestaltet werden. Dies bedeutet selbstverständlich eine Durchlässigkeit von ambulanten, teilstationären und stationären Angeboten, wie sie heute noch nicht existiert – diese Angebote werden durch die Kostenträger künstlich voneinander abgeschottet.

Die Entwicklung von Quartieren geht weit über die Befähigung und Kompetenzen einzelner Branchen, wie die der Pflege und des Gesundheitswesens, hinaus. Es müssen interdisziplinäre und von allen Gesellschaftsschichten getragene regionale Lösungen erarbeitet werden. Dies erfordert eine hohe Koordination und Kooperation aller Akteure vor Ort und ein Zusammenführen aller Aktivitäten durch ein effizientes steuerungsfähiges Management.

## Wohnen im Quartier am Beispiel Klostergarten Kevelaer

Der Klostergarten Kevelaer vom Caritasverband Geldern-Kevelaer e. V. ist ein barrierefreies Wohnprojekt, das den Begriff „Wohnquartier" auf eine etwas andere Weise definiert. Hier handelt es sich nicht um ein Quartier im herkömmlichen Sinn, also um ein gewachsenes Viertel, denn im Klostergarten wurde das Quartier neu erstellt. Das Gelände wurde, wie der Name vermuten lässt, ursprünglich als Kloster genutzt.

Zum Klostergarten Kevelaer gehören etwa 90 barrierefreie Wohnungen und sechs Einfamilienhäuser, vier ambulant organisierte Hausgemeinschaften sowie ein Mehrgenerationenhaus als Ort der Begegnung. Nachbarschaftshilfe, harmonisches Zusammenleben und Solidarität der Generationen sollen das Leben bestimmen.

Die gesamte Anlage ist nicht nur baulich barrierefrei konzipiert, auch Intoleranz und gedankliche Vorurteile – Barrieren – sollen abgebaut werden. Junge und alte Menschen sollen hier zusammen leben und arbeiten ebenso wie Menschen mit und ohne Behinderung. Die Caritas achtet bei der Belegung der Wohnungen auf ein gutes Mischungsverhältnis zwischen Jung und Alt sowie gesunden und beeinträchtigten Menschen.

Die Anlage besteht aus:

*Klosterkirche*

*Nachbarschaftshaus*

mit Nachbarschafts-Café, Beratungsdiensten, Gruppenangeboten

*Mehrgenerationenhaus*

*Clemens-Haus*

mit Senioren-Wohngemeinschaften

Das im Jahr 2008 neu errichtete Clemens-Haus Kevelaer liegt direkt am Marienpark in Kevelaer.

*Hotel Klostergarten*

mit Seminar- und Tagungszentrum

*Sinnesgarten*

Er liegt beim Clemens-Haus und dient der geistigen und körperlichen Erholung. Teils werden die Hochbeete von den Bewohnern, die das gerne machen möchten, selbst gepflegt.

Klosterkirche und Kreuzgang waren schon vorhanden. Die Kirche ist weiterhin der spirituelle Mittelpunkt des Quartiers, als gesellschaftliches Zentrum dient das *Nachbarschaftshaus* mit seinen Einrichtungen wie einem Café als Begegnungsstätte sowie Hilfs- und Beratungsangeboten.



Das *Mehrgenerationenhaus* soll Menschen jeden Alters zusammenbringen. Hier gibt es Kreativangebote, Nachbarschaftshilfen, Fahr- und Begleitdienste, Arbeitsgemeinschaften, Babysitting, Beratung und vieles mehr. Es soll die Generationen verbinden, und zwar durch gegenseitige Unterstützung und durch das Lernen voneinander. Alle sollen von der Gemeinschaft profitieren können. Eine Bewohnerin berichtet zufrieden, dass die Bewohner sich zu Gesellschaftsspielen und Handarbeiten zusammensetzen, füreinander Besorgungen erledigen, auf die Kinder aufpassen und mit ihnen basteln. Außerdem sei der Wohnraum sowohl für Senioren mit kleiner Rente als auch für Alleinerziehende bezahlbar.

Das Mehrgenerationenhaus Kevelaer ist eines von 500 ausgewählten Modellprojekten des Familienministeriums. Zu diesem Programm gehören verschiedene Wohnformen wie barrierefreie Wohnungen unterschiedlicher Größen, Altenheime und Wohngemeinschaften für Menschen mit Demenz.

Das *Hotel* soll auch für „normale“ Touristen und Wallfahrer, die in großen Zahlen nach Kevelaer pilgern, als Unterkunft dienen und bietet auch Seminar- und Konferenzräume an. Dadurch soll der Klostergarten in die Stadt Kevelaer eingebunden werden. Räumlich ist die Anbindung sowieso gegeben, und auch die Klosterkirche wird von Anwohnern aus der Nachbarschaft genutzt.

Im *Clemens-Haus* wird das Konzept der Wohngemeinschaften umgesetzt, das die bislang übliche Rundum-Versorgung in

Heimen ablösen soll. Dadurch soll die Eigenaktivität der Bewohner gefördert werden. Zurzeit leben in diesem Seniorenhaus in vier Wohngemeinschaften je zehn Senioren, die alle ihren Beitrag zur Bewältigung des täglichen Lebens leisten. Zwei der Wohngruppen sind für Menschen mit Demenz, zwei für Menschen mit körperlichen Erkrankungen gedacht.

Großer Wert wird auf ein familienähnliches Zusammenleben gelegt. Trotzdem hat jeder Bewohner in allen vier Hausgemeinschaften sein eigenes Zimmer mit Bad, das er mit seinen persönlichen Möbeln einrichten kann. Der Alltag in der Hausgemeinschaft spielt sich jedoch hauptsächlich in der großen, gemütlichen Wohnküche ab. Die Tage werden nach den Wünschen und Bedürfnissen der Bewohner organisiert: Die Bewohner helfen bei der Zubereitung der Mahlzeiten oder bei anderen Alltagsverrichtungen, soweit sie dazu in der Lage sind. Sie werden dabei von Alltagsbegleitern unterstützt, die helfend eingreifen und solche Aufgaben übernehmen, die die Bewohner nicht mehr alleine bewerkstelligen können. Der Tag besteht auch nicht nur aus Arbeit: Man sitzt im Wohnzimmer zusammen, spielt, unterhält sich, erzählt. Für Pflegebedürftige wurden Pflegefachkräfte engagiert. Diese und die Begleitungskräfte sind ebenso Teil der Hausgemeinschaft wie die Bewohner.

Auch in den Demenz-Wohngemeinschaften sollen Menschen ihren Alltag so weit wie möglich mit professioneller Hilfe selbstständig bewältigen. Alltagsbegleiter helfen ihnen bei der Gestaltung des Tagesablaufs, die Angehörigen werden mit einbezogen. In die Gemeinschaft des Klostergartens Kevelaer sind die Bewohner sowieso eingebunden. Auch hier hat jeder Mieter seinen eigenen Wohnbereich, in dem seine Privatsphäre gewahrt bleibt. Das Leben spielt sich aber meist in den Gemeinschaftsräumen ab. Mithilfe der Alltagsbegleiter können auch demente Bewohner einkaufen gehen oder beim

Kochen helfen. Für alle Bewohner gibt es in der schönen und gepflegten Anlage einen Supermarkt, es werden Kunstausstellungen organisiert, zu denen auch die Bewohner Kevelaers eingeladen sind. Nun gibt es auch eine Boulebahn, ebenfalls offen für alle.

Die Angehörigen werden in den Alltag der Wohngemeinschaft mit einbezogen – sei es, dass sie zu Besuch kommen, beim Kochen helfen oder an gemeinsamen Ausflügen teilnehmen.



Für Leute, die einfach in einer menschenfreundlichen Umgebung barrierefrei wohnen möchten, gibt es 80 Wohnungen zur Miete (auch gefördert) oder als Eigentumswohnungen.

Caritasverband Geldern-Kevelaer e. V.
Klostergarten 1
47623 Kevelaer
Telefon: (0 28 32) 9 77 38-0
www.caritas-geldern.de

## Das Dorf in Mülheim an der Ruhr

Wie im Quartier von Kevelaer wohnen im folgenden Projekt auch Jung und Alt, behinderte und nichtbehinderte Menschen. Es wird „Das Dorf" genannt, obwohl es mitten im Ruhrgebiet in einem Stadtteil von Mülheim an der Ruhr liegt. Der Name ist dennoch Programm, denn auch wenn die Anlage nicht im ländlichen Raum liegt, funktioniert sie wie eine dörfliche Gemeinschaft und sieht auch wie eine solche aus.

Anfangs, das heißt in den frühen 1980er-Jahren, war bei der Theodor Fliedner Stiftung die Idee entstanden, ein Dorf für Menschen mit Behinderungen zu entwickeln. Diese Menschen wohnten bereits auf dem Gelände, jedoch, wie es früher üblich war, in einer Einrichtung mit starkem Heimcharakter. Aus dieser Idee entwickelte sich ein Projekt, in dem nicht nur behinderte und nichtbehinderte, sondern auch junge und alte Menschen gleichberechtigt zusammenleben sollten. Und zwar in einer übersichtlichen, dorfähnlichen Anlage, wo man sich kennt, wo es ruhig und weniger hektisch zugeht als in der Stadt.

Das Dorf entstand ab Mitte der 1980er-Jahre und ist heute ein gelungener Mix aus architektonisch unterschiedlichen Baustilen. In 30 individuellen Gebäuden leben heute 600 Menschen, davon je ein Drittel alt und pflegebedürftig, behindert oder nichtbehindert, meist Familien mit Kindern. Die Menschen mit Behinderung wohnen in heilpädagogisch begleiteten kleinen Wohneinheiten und in eigenen Wohnungen. Einige der Wohnungen sind frei finanziert, andere zählen zum sozialen Wohnungsbau, sie sind für Familien mit einem behinderten Angehörigen gedacht. Der Bereich für die älteren Bewohner besteht aus zwölf barrierefreien Häusern für 210 pflegebedürftige Menschen, die in großzügigen Apartments Platz finden. Diese haben ein eigenes Bad und meist eine Terrasse oder einen Wintergarten, sie können teilweise mit eigenen Möbeln individuell eingerichtet werden.

Das Dorf erstreckt sich über 64 000 qm und vermittelt einen sehr freundlichen, hellen Eindruck, fast wie eine Feriensiedlung. Es gibt hier eine Kirche, einen Laden, einen Friseur und ein Bistro, des Weiteren einen Marktplatz für Veranstaltungen und fahrende Händler, ein „Rathaus“ für die Verwaltung und mit Veranstaltungsräumen für Kinovorführungen, Konzerte oder Kleinkunst. Jedes Jahr findet ein Sommerfest statt und immer wieder Discoabende für die Jugend.

Es gibt eine Busanbindung in die Stadtmitte und einen Shuttle in die Stadt. Als letzter Bauabschnitt ergänzt eine Einrichtung für Betreutes Wohnen für ältere Menschen das Konzept. 20 barrierefreie Wohnungen nach Reihenhausart liegen in der Nähe des Dorfs an einem schönen Naturschutzgebiet, sie sind um einen Hof herum angeordnet und haben auch ein Gemeinschaftszentrum. Es gibt unterschiedliche Wohnungstypen, eine 60-qm-Wohnung würde beispielsweise ca. 1100 Euro kosten (inklusiv Servicepauschale und Nebenkosten). Hier sind der Hausnotruf sowie die Pflege der Außenanlagen und des Gemeinschaftsraums inbegriffen, Ärzte und Pflegedienste können vermittelt werden. Weitere Wahlleistungen können hinzugebucht werden, zum Beispiel Wäscheservice, Ausflüge, Hol- und Bringdienste. Falls die Bewohner fürs Betreute Wohnen zu gebrechlich werden, ist ein bevorzugter Einzug in den vollstationären Bereich im Dorf möglich.

7

Theodor Fliedner Stiftung
Fliednerstraße 2
45481 Mülheim an der Ruhr
Telefon: (02 08) 48 43-0
Telefax: (02 08) 48 43-105
E-Mail: info@fliedner.de
Internet: www.fliedner.de

8

# Seniorenwohnheime, Seniorenresidenzen

- Ein Heim für Senioren?
- Der Alltag in der Seniorenresidenz
- Entscheidung für die Seniorenresidenz
- Die finanzielle Seite
- Der Umzug

## Ein Heim für Senioren?



Altenheim, Seniorenheim, Pflegeheim oder Seniorenresidenz: All diese Begriffe sind nicht gesetzlich geschützt. Sie wurden in den vergangenen Jahrzehnten auch immer wieder dem Zeitgeschmack angepasst. Seit den Skandalen, die sich mit dem Begriff „Heim“ auch im Bereich der Jugend- und Behindertenhilfe verbinden, wird diese Vokabel im allgemeinen Sprachgebrauch der Fachwelt möglichst vermieden. Die seit 2008 entstandenen jeweiligen Landesgesetze haben, mit Ausnahme von Thüringen, das bundesweite Heimgesetz mittlerweile abgelöst. In den neuen Gesetzgebungen wird der Kontext des Wohnens und der Betreuung besonders hervorgehoben und der Begriff Heim mit all seinen negativen Assoziationen in den Gesetzestexten nicht mehr verwendet. Ob eine Einrichtung nun unter diese Gesetzgebung fällt oder nicht, muss im Individualfall durch die Aufsichtsbehörde geprüft werden. Einrichtungen, die eher das Wohnen im Rahmen eines Betreuten Wohnens anbieten und Pflegeleistungen ausklammern, fallen in der Regel nicht unter die Gesetzgebung.

Zu unterscheiden sind zum einen Senioreneinrichtungen, die eine Vollversorgung rund um die Uhr anbieten – das umfasst neben den pflegerischen Leistungen auch den (möblierten) Wohnraum, Verpflegung und Getränke, Reinigung der Räume und Wäscheversorgung –, und zum anderen solche Einrichtungen, in denen man seinen eigenen Haushalt führen kann, aber trotzdem Betreuung und Verpflegung angeboten bekommt. In den zuletzt genannten Einrichtungen, häufig Seniorenresidenz oder -stift genannt, mietet man sich ein und erhält bei Bedarf pflegerische Leistungen im Rahmen einer ambulanten Versorgung. Das Wohnen und die hauswirtschaftliche Versorgung sowie die Nutzung von kulturellen und Freizeitangeboten stehen im Vordergrund.

Eine Seniorenresidenz könnte beispielsweise für Sie infrage kommen, wenn Sie bereits umfassende Unterstützung und Betreuung benötigen (aber nicht pflegebedürftig sind) und Ihre Familie Sie nicht mehr ausreichend unterstützen kann oder wenn Sie es sich nicht mehr zutrauen, alleine zu leben oder Sie einfach mehr Gesellschaft und eine pflegerische Unterstützung wünschen oder brauchen. Vielleicht möchten Sie sich auch nicht mehr um Ihren Haushalt kümmern müssen, ist Ihnen das Kochen und Abspülen und Putzen lästig oder zu beschwerlich. Für eine vollstationäre Pflegeeinrichtung sind Sie glücklicherweise noch zu fit, das Betreute Wohnen reicht Ihnen aber nicht mehr aus. In einer Seniorenresidenz erhalten Sie Unterkunft, Verpflegung und Betreuung. Sie leben meist in einem Einzelzimmer mit Bad für sich und haben eventuell eine Pantryküche. Gegessen wird in der Regel und nach Wunsch in der Gemeinschaft.

Seniorenresidenzen verfügen über einen ambulanten Pflegedienst oder sind mit einer Pflegeeinrichtung verbunden oder haben eine eigene Pflegeabteilung, wo die Bewohnerinnen und Bewohner bei entstandener dauerhafter Pflegebedürftigkeit Grundpflege und medizinische Behandlungspflege rund um die Uhr erhalten können.

*Der Mediziner empfiehlt:*

Bevor Sie sich für eine bestimmte Wohnform im Alter entscheiden, sollten Sie mit Ihrem Hausarzt/Ihrer Hausärztin sprechen. Diese werden Sie sicherlich gut beraten, denn sie kennen Ihren Gesundheitszustand am besten und können abschätzen, wie ungefähr Ihre zukünftige gesundheitliche Entwicklung sein wird. Sie können Ihnen zwar keine Entscheidung abnehmen, aber eine Empfehlung für die eine oder andere Wohnform aussprechen.

*Dr. W. W. Geissler,*
*hausärztlich tätiger Internist, Stuttgart*

Das Leben in einer Seniorenresidenz bietet insgesamt die Chance einer umfassenden Versorgungssicherheit und der Entlastung von Aufgaben und Besorgungen des Alltags. Das Risiko liegt in einer möglichen Einschränkung von persönlichen Freiheiten, Autonomie und Selbstbestimmung. Eine Entscheidung für eine Seniorenresidenz muss aber keine negativen Auswirkungen auf Ihre Lebensumstände haben. Unter Umständen haben Sie dort wieder viel mehr Sozialkontakte und können wieder Ihren Hobbys nachgehen, haben wieder mehr Lebensqualität, auch durch mehr Sicherheit im täglichen Leben.



## Der Alltag in der Seniorenresidenz

Er kann langweilig sein, wenn Sie nicht von sich aus aktiv werden. Sicher: Es gibt kulturelle Angebote wie Literaturvorträge oder Möglichkeiten zur Freizeitgestaltung wie Bastelgruppen oder Gedächtnisübungen, Gymnastikkurse oder gar Ausflüge – aber Sie werden viel Zeit haben, denn die täglichen, vielleicht schon mühevoll gewordenen Verrichtungen wie Einkaufen, Kochen, Putzen fallen ja nun weg. Sie müssen sich nur noch um sich selbst kümmern, und auch dabei haben Sie im Bedarfsfall Hilfe. Versuchen Sie aber, möglichst lange bzw. oft ohne diese Hilfe auszukommen – das ist wichtig für die geistige und körperliche Fitness. Lassen Sie sich vor allem das Denken nicht abnehmen.

Natürlich ist es nicht einfach, es allen Menschen recht zu machen. Der eine ist Frühaufsteher, der andere Nachtmensch. In einer Gemeinschaft muss man sich zu einem gewissen Grad anpassen und Rücksicht auf andere nehmen. Das soll aber nicht heißen, dass alle Bewohner frühmorgens geweckt werden müssen, wenn dies gegen ihren Lebensrhythmus geschieht. In guten Häusern sollte es eine Selbstverständlichkeit sein, dass alle Bewohner und Bewohnerinnen selbst bestimmen, wann sie aufstehen und zu Bett gehen möchten. Dies gilt auch für Bewohner, die auf die Hilfe von Pflegekräften angewiesen sind. Prüfen Sie also bereits vor Ihrem Einzug, ob die Gegebenheiten Ihren Vorstellungen entsprechen.

## Entscheidung für die Seniorenresidenz

Wenn Sie sich also entschieden haben, in Zukunft in einer Seniorenresidenz zu wohnen, dann sollten Sie, ähnlich wie bei den anderen Wohnformen, große Sorgfalt auf die Auswahl der Einrichtung legen und möglichst frühzeitig einen Platz in der von Ihnen favorisierten Einrichtung reservieren. Auch wenn bestimmte Mindeststandards gesetzlich vorgegeben sind: Die Seniorenresidenzen unterscheiden sich in ihrer Ausstattung, in ihrem Leistungsangebot und in der Atmosphäre oft erheblich. Wo es welche Einrichtungen in Ihrer Umgebung gibt, erfahren Sie aus dem Internet (Stichworte wie Altenheim, Seniorenresidenz oder Seniorenstift in Suchmaschinen eingeben. Eine eigene Suchmaschine für Altenheime bietet die Seite www.altenhilfe-deutschland.de), aus den Gelben Seiten, von den Stadtverwaltungen, Pflegekassen und Wohlfahrtsverbänden. Die Kommunen verfügen zumeist über Listen, in denen alle örtlichen Altenhilfeeinrichtungen aufgeführt sind, oft auch mit näheren Angaben zur Größe und zum Leistungsangebot.

Auch die BIVA, das ist die Bundesinteressenvertretung der Nutzerinnen und Nutzer von Wohn- und Betreuungsangeboten im Alter und bei Behinderung e. V., kann Ihnen bei der Auswahl behilflich sein. Die BIVA ist ein unabhängiger Selbsthilfeverband, der sich für die Stärkung der Rechte der Bewohnerinnen und Bewohner aller Heimarten und Wohnformen einsetzt. Sie ist bislang die einzige Interessenvertretung auf Bundesebene für Menschen, die Wohn- und Betreuungsangebote im Alter und bei Behinderung nutzen.

Die BIVA setzt sich für eine Verbesserung der Lebensbedingungen in Wohn- und Betreuungseinrichtungen ein, sie informiert und berät über alle Fragen zu Wohn- und Betreuungsangeboten im Alter und bei Behinderung (Verträge, Rechte der Bewohner, Länder-Heimgesetze, Qualitätsmerkmale für gute Alteneinrichtungen etc.).

Die BIVA e. V. hat gemeinsam mit dem Institut für Soziale Infrastruktur (ISIS) in Frankfurt/Main die unabhängige Online-Datenbank www.heimverzeichnis.de geschaffen, welche die Suche nach einer geeigneten Einrichtung bundesweit erleichtert.



BIVA e. V.
Vorgebirgsstraße 1
53913 Swisttal
Telefon: (0 22 54) 70 45
Telefax: (0 22 54) 70 46
E-Mail: info@biva.de
www.biva.de

Worauf sollten Sie bei der Auswahl einer Seniorenresidenz achten? Die Entscheidung für einen neuen Wohnsitz muss gut durchdacht werden, schließlich wollen Sie ja nicht von Einrichtung zu Einrichtung umziehen, wenn es Ihnen dort nicht gefällt. Was also ist zu beachten bzw. was ist Ihnen wichtig?

Die folgende Checkliste soll Ihnen Anhaltspunkte für die Auswahl liefern:

- Werden Sie sich über Ihre Wünsche und (gesundheitlichen sowie finanziellen) Möglichkeiten im Klaren. Bedenken Sie dabei, dass die Ihnen heute genannten Kosten für die Unterbringung jährlich steigen werden und kalkulieren Sie vorausschauend.
- Liegt die Seniorenresidenz in der von Ihnen gewünschten Gegend? Es ist sinnvoll, in der gewohnten Umgebung zu blei-

ben, wo man sich auskennt und wo man Freunde/Verwandte hat, die einen dann ohne großen Aufwand besuchen können.

- Falls Ihre Kinder/Freunde/Verwandten in einer anderen Region leben, möchten Sie vielleicht doch umziehen, um in deren Nähe zu leben?
- Ist die Seniorenresidenz gut an den öffentlichen Nah- bzw. Fernverkehr angebunden? Falls nicht, gibt es eventuell einen Hausbus?
- Liegt die Einrichtung so, dass Sie sich auch zu Fuß fortbewegen können?
- Wenn Sie sich für kulturelle oder sportliche Ereignisse interessieren: Sind diese vorhanden und möglichst leicht erreichbar? Bedenken Sie dabei, dass eine innerstädtische Lage ein größeres kulturelles Angebot bedeutet, aber möglicherweise kein besonders ruhiges Umfeld hat.
- Wirkt das Haus wohnlich, hat es eine offene und freundliche Atmosphäre? Sind die Ess- und Gemeinschaftsräume gepflegt und gemütlich?
- Gibt es einen barrierefrei zugänglichen Garten oder Balkone?
- Haben Sie die Möglichkeit, ein Einzelzimmer zu bewohnen?
- Haben die Zimmer eigene Duschbäder und Toiletten?
- Können eigene Möbel und Haustiere mitgebracht werden?
- Wird auf individuelle Bedürfnisse, zum Beispiel beim Aufstehen oder Essen, eingegangen?
- Bekommen Sie einen eigenen Haus- und Zimmerschlüssel?
- Ist nachts ausreichend Personal im Haus?
- Gibt es einen festen Ansprechpartner für Bewohnerinnen und Bewohner und ihre Angehörigen?
- Werden die Bewohnerinnen und Bewohner auch fachärztlich versorgt?
- Gibt es tägliche Beschäftigungsangebote für die Bewohnerinnen und Bewohner?
- Gibt es einen Beirat?
- Sind die Preise offen und detailliert erläutert?

Haben Sie mehrere Einrichtungen näher ins Auge gefasst, informieren Sie sich auf der Webseite der jeweiligen Einrichtung und/oder fordern Sie dort Informationsmaterial an, und zwar am besten

- einen Prospekt
- eine Leistungsbeschreibung mit Preisliste
- ein Muster eines Vertrags



Ein Vergleich zwischen den Angeboten ist allerdings schwierig, da sich die Leistungen und die Preise der Einrichtungen sehr voneinander unterscheiden. Daher ist es wichtig, einen

*Besichtigungstermin*

zu vereinbaren und ausführlich mit einem für den Einzug verantwortlichen Mitarbeitenden der Seniorenresidenz, dem Beirat und einigen Bewohnern zu sprechen. Am besten lassen Sie sich von einer Person Ihres Vertrauens begleiten, denn vier Augen sehen mehr als zwei, vier Ohren hören besser, auch die Zwischentöne.

- Nehmen Sie sich ausreichend Zeit für diesen Termin, damit Sie noch genügend Zeit haben, sich auch die Umgebung anzusehen.
- Lassen Sie sich alle Räumlichkeiten, Angebote und Abläufe so genau wie möglich zeigen und erklären.
- Lassen Sie sich Speisepläne und einen Plan der Freizeitaktivitäten aushändigen, möglichst über einen langen Zeitraum hinweg.
- Lassen Sie sich den Mustervertrag geben (falls Sie ihn nicht schon vorab angefordert haben) und bitten Sie um Erläuterungen des Vertragsinhalts.
- Klären Sie alle für Sie persönlich wichtigen Fragen und fehlenden Punkte der Checkliste.
- Achten Sie darauf, ob nach Ihrem Lebenslauf und Ihren Fähigkeiten, Interessen, Gewohnheiten sowie Ihrem gesundheitlichen Zustand gefragt wird.

- Lassen Sie sich spätestens jetzt das Muster eines Aufnahmebogens sowie die Leistungsbeschreibung aushändigen und prüfen Sie diese in Ruhe zu Hause.
- Achten Sie bei der Leistungsbeschreibung auf Besuchsregelung, Hausschlüssel, Tierhaltung.

Selbst wenn alles nach Ihrem Geschmack ist, sollten Sie sich nicht vorschnell binden. Bitte beachten Sie, dass Sie bei einem Besichtigungstermin nichts unterschreiben müssen, auch keinen Vorvertrag.

Fragen Sie lieber nach dem

*Probewohnen*

Hier haben Sie die Möglichkeit, das Klima, die Stimmung und die Angebote zu testen. Die Atmosphäre einer Einrichtung ist entscheidend dafür, ob man sich darin wohlfühlt und sie als sein Zuhause empfinden kann. Sie ist deutlich wichtiger als das Baujahr oder die Ausstattung im Einzelnen.

Nur beim Probewohnen merken Sie, ob Ihnen das Zusammenleben im Allgemeinen und ganz besonders in diesem Haus zusagt. Die Zeitdauer ist individuell mit dem Heimträger auszuhandeln, sie sollte aber mindestens eine Woche betragen. Die Teilnahme am Alltag ist besser als jedes Gespräch und jede Broschüre, denn nur so können Sie zum Beispiel in Erfahrung bringen, ob Ihre Vorstellungen hinsichtlich des Essens und des Tagesablaufs mit denen der Einrichtung übereinstimmen. Ist die Auswahl an Gerichten ausreichend, gibt es Diätkost oder vegetarisches Essen, passen Ihnen die Essenszeiten bzw. sind diese flexibel genug?

Falls Probewohnen nicht möglich sein sollte, fragen Sie, ob wenigstens ein Probeessen möglich ist oder die Teilnahme an Freizeitaktivitäten.

*Der Vertrag*

Das Probewohnen war erfolgreich, Sie haben sich entschieden. Dann bleibt nur zu hoffen, dass die von Ihnen favorisierte Seniorenresidenz keine allzu langen Wartezeiten hat. Wohl dem, der sich frühzeitig kümmert und sich wenigstens auf die Interessentenliste setzen lässt!

Wenn feststeht, dass und wann Sie einziehen können, schließen Sie einen Vertrag mit der von Ihnen gewählten Einrichtung. Dieser Vertrag muss Folgendes enthalten:



- die Auflistung der Leistungen der Einrichtung oder den Hinweis auf eine Leistungsbeschreibung, also zum Beispiel den Tagesablauf, die ärztliche Versorgung, das Notrufsystem, die Ausstattung des Heimes wie Wohn- und Gemeinschaftsräume, Waschküchenbenutzung, Gartenbenutzung, Verpflegungsangebot;
- die Auflistung der mit Ihnen persönlich vereinbarten Leistungen, zum Beispiel Beschreibung Ihrer Wohnräume (Lage, Größe, Art der Unterbringung), Ausstattung dieser Räume (Telefonanschluss, welche Art von TV-Empfang, Internetanschluss, Art der Heizung etc., Beschreibung der Sanitärräume), Abrechnung der Wohnnebenkosten, Verpflegung (Möglichkeit, sich selbst etwas zuzubereiten, Wahlmöglichkeit beim Essen, Essenszeiten, Schonkost, Getränkeversorgung, Menge und Umfang dieser Verpflegung), hauswirtschaftliche Leistungen wie Zimmerreinigung, Wäschepflege, Hausmeisterdienste etc;
- eine Bestimmung über Haustierhaltung;
- die Auflistung der angebotenen pflegerischen Dienste: Vereinbarungen mit den Pflegediensten, Ausstattung mit Hilfsmitteln etc.

Je genauer ein Vertrag ausgestaltet ist, desto weniger kann es später zu Unstimmigkeiten kommen. Wichtig ist die Unterscheidung zwischen Regelleistungen, also dem, was im monatlichen Entgelt inbegriffen ist, und Zusatzleistungen, die extra bezahlt werden müssen.

Ihnen steht selbstverständlich ein eigener Schlüssel zu, damit Sie kommen und gehen können, wie Sie möchten. Ebenso selbstverständlich können Sie jederzeit Besuch empfangen; das Hausrecht der Einrichtung erstreckt sich, außer bei Gefahr für die Mitbewohner, nicht auf die Wohnräume der einzelnen Bewohner und Bewohnerinnen. Freie Religionsausübung ist ebenfalls selbstverständlich, eine Bestimmung im Vertrag oder in einer Anordnung, die die Teilnahme an religiösen Veranstaltungen verpflichtend vorsieht, widerspricht den Grundrechten und ist daher unwirksam. Freie Arztwahl muss gegeben sein.

Der Vertrag gliedert sich in die drei Leistungsbereiche Unterkunft, Verpflegung und Betreuung, die preislich getrennt aufgeführt werden müssen.

Er wird auf unbestimmte Zeit abgeschlossen, sofern nicht ein befristeter Einzug vereinbart ist.

Der Vertrag kann gekündigt werden, er enthält aber besondere Kündigungsschutzregelungen zugunsten der Bewohnerinnen und Bewohner.

## Die finanzielle Seite

Grundsätzlich ist derjenige, der Leistungen des Heimträgers in Anspruch nimmt, verpflichtet, das hierfür vereinbarte Entgelt aus eigenen Mitteln zu zahlen. Falls das eigene Einkommen nicht ausreicht, überprüft das Sozialamt anhand von Einkommens- und Vermögensnachweisen, ob die Sozialhilfe mit ergänzenden Leistungen eintreten kann. Personen mit niedrigem Einkommen haben darüber hinaus auch Anspruch auf Wohngeld (über die Wohngeldstelle). Da die meisten Seniorenresidenzen einen hohen Mietzins verlangen, sind die Bewohner derselben im Regelfall solvente Selbstzahler.

Die Kosten für das Leben in der Einrichtung gliedern sich in drei Teile:

- Regelleistungen
- Zusatzleistungen
- Investitionskosten



*Regelleistungen*

Sie sind möglichst konkret vertraglich festzuhalten, um Missverständnisse und Ärger zu vermeiden. Regelleistungen sind Leistungen, die mit dem regulären Entgelt beglichen werden, also nicht zusätzlich berechnet werden dürfen.

Sie umfassen die Wohnräume (auch Einrichtungsgegenstände, Nebenkosten, Ausstattung des Zimmers, Renovierung etc.), die Verpflegung (Menge, Auswahl und Art der Verpflegung und der inkludierten Getränke), die Reinigung der Räume und der Wäsche und den Hausmeisterservice. Man nennt diesen Teil des Entgelts umgangssprachlich auch Hotelkosten.

*Zusatzleistungen*

Sie sind extra zu bezahlen. Diese Zusatzleistungen könnten zum Beispiel Begleitung bei Arzt- oder Behördenbesuchen, Hol- und Bringdienst, Fahrservice sein. Man sollte daher genau darauf achten, dass im Heimvertrag eine klare Trennung zwischen den Regelleistungen, die mit dem Entgelt abgegolten werden, und den Zusatzleistungen besteht, die das Heim extra berechnen darf. Bei Zusatzleistungen sollte man sich vorab über den Pauschalpreis oder Stundensatz informieren.

*Investitionskosten*

Die Bewohner von Senioreneinrichtungen müssen sich an den Kosten für den Erhalt und die Modernisierung der Einrichtung, für die sie sich entschieden haben, beteiligen. Diese sogenannten Investitionskosten werden monatlich in Rechnung gestellt.

Dazu können noch sogenannte Einmalkosten kommen, das können Kautionen, Entgeltvorauszahlungen oder Bewohnerdarlehen sein.

*Kautionen*
Das sind Sicherheiten für die Erfüllung der Verpflichtungen aus dem Heimvertrag, sie entsprechen in etwa einer Kaution für eine „normale“ Mietwohnung und sollen den Betreiber vor Mietausfall schützen und eventuelle Schadensersatzansprüche absichern.

*Entgeltvorauszahlungen und Bewohnerdarlehen*
Das sind Beiträge, die im Zusammenhang mit der Überlassung des Heimplatzes gegeben werden, um beispielsweise die Kosten für den Bau, den Kauf oder die Instandsetzung der Einrichtung zu finanzieren. Werden diese Geldbeträge mit den laufenden Kosten verrechnet, spricht man von Entgeltvorauszahlungen.

Werden sie nach Beendigung des Vertragsverhältnisses zurückgezahlt, nennt man dies Bewohnerdarlehen. Diese Geldbeträge sind grundsätzlich mit mindestens vier Prozent zu verzinsen.

## Der Umzug

Sie haben sich für eine Seniorenresidenz entschieden und werden in Kürze umziehen. Zuerst heißt es planen, welche Möbel und Erinnerungsstücke Sie mitnehmen möchten und können. Um sich leichter in die neue Umgebung einzugewöhnen, ist es sinnvoll, Ihr altes Zuhause, soweit möglich, „mitzunehmen“. Natürlich werden Sie sich aufgrund der Platzverhältnisse von einigen lieb gewonnenen Dingen trennen müssen, aber ein oder zwei Lieblingsmöbelstücke und Bilder schaffen schon eine wohnliche Atmosphäre.

Als Nächstes sollten Sie sich mit Ihrer neuen Hausgemeinschaft beschäftigen. Die Mitarbeitenden und eventuell der Beirat werden Ihnen behilflich sein, Ihre Mitbewohnerinnen und Mitbewohner kennenzulernen und sich in die neue Gemeinschaft einzuleben. Am einfachsten geschieht dies bei gemeinsamen Mahlzeiten und Veranstaltungen. In kleineren, überschaubaren Wohneinheiten wird die Eingliederung recht schnell gehen, immer vorausgesetzt, dass man das auch möchte.



Darüber hinaus ist es wichtig, Kontakte zu Angehörigen, Freunden und früheren Nachbarn aufrechtzuerhalten.

# 9

# Pflege zu Hause oder in einer stationären Einrichtung?

- Hilfen für das Leben zu Hause
- Betreute Wohn- und Hausgemeinschaften für Pflegebedürftige
- Die vollstationäre Senioreneinrichtung

## Hilfen für das Leben zu Hause

*Unterstützung durch Minijobber*

Wer beschließt, möglichst lange zu Hause zu leben, wird in den meisten Fällen mehr oder weniger Unterstützung benötigen, auch wenn seine Wohnung barrierefrei ist.

Das kann zum Beispiel ein Minijobber sein, der/die als Haushaltshilfe einspringt, beim Kochen oder Einkaufen hilft, Botengänge macht oder Fenster putzt, einen zum Arzt begleitet oder die Wäsche aufhängt.



Wichtig ist auf jeden Fall, die Haushaltshilfe legal zu beschäftigen, das heißt, bei der Minijob-Zentrale anzumelden. Nur so lassen sich Geldbußen für Schwarzarbeit umgehen, und nur so ist die Haushaltshilfe auch unfallversichert. Die Abgaben und der bürokratische Aufwand sind gering, ein Teil der Ausgaben kann bei der Steuererklärung geltend gemacht werden. Sie können aber auch Hauswirtschaftshilfen über Agenturen buchen, die dann die Versicherung und Anmeldung für Sie übernehmen.

Nähere Informationen bei der Minijob-Zentrale:
Telefon: (03 55) 2 90 27 07 99
Internet: www.minijob-zentrale.de

*Hilfsdienste erleichtern den Alltag*

Es muss auch nicht eine Person als Minijobber sein, man kann sich zum Beispiel Lebensmittel bringen lassen oder eine Einkaufshilfe engagieren. Getränkehandlungen sind auf Lieferdienste eingestellt und liefern Kisten bis in die Wohnung oder den Keller. Tiefkühlkost kann man bei mehreren Anbietern ordern, sie bringen auch Fertigessen. Dieses kann man natürlich auch bei vielen verschiedenen Menüdiensten bestellen, wenn einem das Kochen zu viel oder zu lästig ist. Bei den meisten Essenslieferanten kann man auch nur mal probieren, bevor man sich für ein bestimmtes Unternehmen entscheidet. Achten Sie auf jeden Fall darauf, dass Sie kurzfristig wieder kündigen können und sich nicht zu lange binden, falls Ihnen das Essen auf Dauer doch nicht schmecken sollte. Auch Restaurants in der Umgebung können als Essenslieferanten infrage kommen. Allerdings kann das auch ziemlich teuer werden.

Für Gartenarbeiten oder Arbeiten im Haus gibt es Hausmeisterdienste, die auch Schnee räumen im Winter oder kleine Reparaturarbeiten im Haus erledigen. Taxiunternehmen oder ähnliche Transportunternehmen bieten Fahr- und Begleitdienste zum Arzt oder zu Behörden oder Freizeitveranstaltungen an. In manchen Städten gibt es auch berufliche Besuchs- und Begleitdienste, die gegen Entgelt etwa Vorlesedienste oder Unterstützung bei Behördenangelegenheiten anbieten.

Es müssen keineswegs professionelle Dienstleister sein. Wenn diese Ihnen zu teuer sind oder wenn es keinen Anbieter vor Ort gibt, erkundigen Sie sich nach ehrenamtlichen Nachbarschaftshilfen. Auch diese bieten oft Hilfe beim Einkaufen oder beim Transport an. Die Kirchengemeinden oder das zuständige Sozialamt können Ihnen sagen, ob es entsprechende Nachbarschaftsdienste bei Ihnen gibt. Auch die Pflegekassen beraten Sie dazu.

Weitere Adressen gibt es bei der

Bundesarbeitsgemeinschaft der
Freiwilligenagenturen
Potsdamer Straße 99
10785 Berlin
Telefon: (0 30) 20 45 33 66
E-Mail: bagfa@bagfa.de
www.bagfa.de

### *Der Hausnotruf*

Wenn Sie sich alleine zu Hause unsicher fühlen, kann ein Hausnotrufsystem Ihnen mehr Sicherheit geben. Dieser funktioniert so: Ein kleines Gerät, das Sie um den Hals oder wie eine Uhr am Arm tragen können, verbindet Sie zum Beispiel mit dem Deutschen Roten Kreuz. Sollten Sie nun etwa stürzen und sich allein nicht weiterhelfen können, lösen Sie auf Knopfdruck den Funkalarm aus. Das ausgelöste Signal wird über ein im Telefon installiertes Zusatzgerät an eine Notrufzentrale weitergeleitet. Diese ist rund um die Uhr besetzt und leitet die notwendige Hilfe unverzüglich ein.



Informationen gibt es beim Bundesverband Hausnotruf unter:
www.bv-hausnotruf.de

### *Telefonketten*

Telefonketten kann man auch selbst organisieren. Sie sind zwar nicht ganz so effektiv wie ein Notrufsystem, helfen aber auch gleichzeitig gegen Vereinsamung. Die Ketten funktionieren wie folgt: Eine kleine Gruppe von Senioren tut sich zusammen und verabredet feste Telefonzeiten. Herr Müller muss zum Beispiel Frau Maier täglich um 9 Uhr anrufen, Frau Maier meldet sich dann bei Frau Schmidt, die dann um 10 Uhr Herrn Schneider anruft. Um die Kette zu schließen, meldet sich Herr Schneider bei Herrn Müller. Sollte die Kette an einer Stelle unterbrochen sein, wird „Alarm geschlagen“, das heißt, die Gruppenmitglieder versuchen, das fehlende Glied in der Kette aufzuspüren bzw. sich um seinen Verbleib zu kümmern. Diese Methode setzt natürlich eine große Zuverlässigkeit voraus, um nicht unnötig Alarm auszulösen.

### *Wohnraum für Hilfe*

Wenn Sie in einer großen Wohnung oder einem Haus wohnen, das sowieso viel zu groß für eine Person alleine ist, besteht die Möglichkeit, einen Teil der Räumlichkeiten preiswert oder unentgeltlich zu vermieten und statt Miete Hilfe zu bekommen, zum Beispiel bei der Gartenarbeit, beim Putzen, im Haushalt allgemein. Man rechnet ungefähr einen Quadratmeter Wohnraum im Monat gegen eine Stunde Hilfe. Eine Einliegerwohnung mit 30 qm würde Ihnen also 30 Stunden Hilfe im Monat bringen.

### *Betreutes Wohnen zu Hause*

Einzelne Dienste reichen Ihnen nicht mehr aus oder Sie sind nicht mehr in der Lage, diese Hilfsdienste selbstständig zu koordinieren? Dann können Sie in manchen Gemeinden auch das Angebot des „Betreuten Wohnens zu Hause“ wahrnehmen. Je nach Angebot umfasst das Betreute Wohnen zu Hause einen Hausnotruf, Betreuung, Vermittlung von Hilfsdiensten und regelmäßigen Hausbesuch. Solche Angebote werden von sozialen Einrichtungen, aber auch von Kommunen und Wohnungsgesellschaften angeboten. Wenn Sie sich für solche Angebote interessieren, aber in Ihrer Umgebung nichts Entsprechendes finden, erkundigen Sie sich bei regionalen Pflegediensten oder bei Wohlfahrtsverbänden.

### *Tagespflege*

Wenn Sie tagsüber an einem oder mehreren Tagen besondere Betreuung benötigen, ist die Tagespflege für Sie das richtige Unterstützungsangebot. Sie werden morgens zu Hause abgeholt, verbringen in solchen Tagespflegeeinrichtungen einen Teil des Tages und werden dann wieder nach Hause gebracht. Durch gezielte Betreuung und Aktivierung durch das Pflege- und Betreuungspersonal in der Gemeinschaft der Tagespflegeeinrichtung können Sie soziale Kontakte knüpfen. Über den Tag erhalten Sie auch notwendige Pflegeleistungen und für Mahlzeiten und Getränke wird ebenfalls gesorgt. An den Kosten für die Tagespflege beteiligt sich unter Umständen die Pflegekasse anteilig und eventuell in Kombination mit Geld- oder Sachleistungen der häuslichen Pflege.

*Kurzzeitpflege*

Falls das Angebot der Tagespflege nicht ausreicht und Sie für einige Zeit eine Rund-um-die-Uhr-Pflege benötigen, beispielsweise nach einem anstrengenden Krankenhausaufenthalt, können Sie das Angebot der Kurzzeitpflege nutzen. Für maximal vier Wochen können Sie in eine Pflegeeinrichtung ziehen und erhalten dort eine umfassende Pflege. Die Kurzzeitpflege dient Ihrer körperlichen Stabilisierung und dem Ziel, dass Sie danach wieder in Ihre vertraute Wohnumgebung zurückkehren können. Die Kosten für die Kurzzeitpflege übernimmt die Pflegekasse bis zu einer maximalen Höhe von 1550,– Euro jährlich, bei Vorliegen der Voraussetzungen. Darüber hinausgehende Kosten müssen Sie selbst aufbringen oder über einen Antrag auf Sozialhilfe finanzieren. Eventuell kann, bei weiterer notwendiger stationärer Hilfe über die vier Wochen hinaus oder bei Ausfall der häuslichen Pflegeperson, sogenannte Verhinderungspflege für eine weitere Dauer von vier Wochen durch die Pflegekasse gewährt werden. Auch hierbei handelt es sich um einen Maximalbetrag von 1550,– Euro im Jahr. Verhinderungspflege müssen Sie ebenfalls bei Ihrer zuständigen Pflegekasse beantragen.

Was aber ist, wenn mehr als nur eine Unterstützung im Haushalt fällig wird? Wenn es sich nicht um ein kurzzeitiges Problem handelt, sondern man auf Dauer mit dem Anziehen und der Körperpflege nicht mehr alleine zurechtkommt? Wenn Angehörige und Freunde mit der Hilfe überfordert sind oder weit weg wohnen? Wenn Nachbarschaftshilfe nicht mehr ausreicht? Für diese Fälle gibt es die ambulante Pflege.

### *Ambulante Pflege*

Bei der ambulanten Pflege handelt es sich um Pflegedienste, die ins Haus kommen. Ob mehrmals täglich oder ein- bzw. mehrmals wöchentlich, das kommt auf Ihren Hilfebedarf an und lässt sich individuell regeln. Die Pflegedienste bieten grundpflegerische Leistungen – also Körperpflege, Hilfen bei der Ernährung oder Mobilisierung – sowie von der Ärztin oder vom Arzt verordnete medizinische Behandlungspflege an. Die notwendige Behandlungspflege wird nicht wie die grundpflegerischen Leistungen über die Pflegekasse, sondern über die Krankenkasse abgerechnet. Mithilfe dieser Pflegedienste wie Caritas, Diakonie, Sozialstationen oder privater Einrichtungen kann man sehr lange in seiner eigenen Wohnung bleiben, vor allem, wenn diese barrierefrei ist und man ein gewachsenes Umfeld hat. Die Versorgung Pflegebedürftiger durch diese Dienste ist in Deutschland weitgehend flächendeckend. Lassen Sie sich am besten von den Pflegekassen oder über den nächstgelegenen Pflegestützpunkt beraten und eine Preisvergleichsliste geben, damit Sie Preise und Leistungen vergleichen können.

Die Kosten der ambulanten Pflege, Pflegesachleistungen genannt, variieren je nach Pflegebedürftigkeit. Sie werden zum Teil über die Pflegekasse finanziert, wenn Sie bereits eine Pflegestufe haben. Die Einstufungen werden durch den Medizinischen Dienst der Krankenversicherung vorgenommen.

### *Überlegungen zur Wahl des richtigen Pflegedienstes*

- Ist der Pflegedienst bei der Pflegekasse zugelassen?
- Arbeitet der Pflegedienst mit Fachkräften oder mit Hilfspersonal?
- Ist der Standort des Pflegedienstes in der Nähe Ihrer Wohnung?
- Wird ein individueller Pflegeplan erstellt und mit Ihnen oder Ihren Angehörigen besprochen?

- Ist der Pflegedienst flexibel, kann er auf Ihre individuellen Wünsche eingehen?
- Werden die Pflegeleistungen ausführlich dokumentiert?
- Kann der Pflegedienst alle Leistungsbereiche abdecken, die wichtig für Sie sind?
- Informiert der Pflegedienst Sie ausführlich über Preise und Kosten?



Solange Sie mit einem Pflegedienst in Ihren vier Wänden zurechtkommen, ist der Aufwand meist auch noch bezahlbar. Sollte jedoch eine Pflegekraft ständig vor Ort sein müssen, sind die Kosten kaum mehr tragbar. Eine deutsche Pflegefachkraft würde Sie bei einer Rund-um-die-Uhr-Pflege nahezu 5000,– Euro im Monat kosten – zu viel auch für Gutverdiener.

*Hilfskräfte aus Osteuropa*

Viele behelfen sich mit osteuropäischen Pflegekräften, die oft illegal alte Menschen zu Hause betreuen. Ohne sie müsste mancher Pflegebedürftige ins Heim, wären Angehörige völlig überlastet.

Die osteuropäischen Hilfen sind meist keine Fachkräfte, können also keine medizinischen Leistungen erbringen. Sie können sich aber sehr wohl liebevoll um demente Menschen oder Alzheimerpatienten kümmern, ihnen den Haushalt führen. Gerade alleinstehende Personen sind durch diese Hilfe in der Lage, lange in den eigenen vier Wänden zu bleiben. Sollten Sie in einem Haus mit Einliegerwohnung leben, bietet sich diese natürlich als Wohnung für eine Pflegekraft an.

Schwarzarbeit muss aber nicht sein. Es gibt legale Wege, diese Frauen anzustellen. Die Caritas beispielsweise vermittelt legal polnische Pflegerinnen und unterstützt diese bei ihrer Arbeit.

Vermittelt werden Kräfte aus dem osteuropäischen EU-Raum auch über die ZAV – die zentrale Auslands- und Fachvermittlung der Arbeitsagenturen. Das Gehalt der Hilfskräfte beträgt ca. 1300 Euro plus Sozialabgaben. Informationen gibt es unter Telefon (02 28) 7 13 15 70.

Außerdem gibt es noch eine Beschäftigungsmöglichkeit im Rahmen des Entsendegesetzes. Der Kontakt läuft über deutsche Agenturen und deren Partner in Osteuropa, die die Hilfskräfte entsenden. In diesem Fall sind Sie Kunde der Agentur, nicht Arbeitgeber der Hilfskraft. Das Verfahren ist legal, man sollte aber genau überprüfen, ob die Agenturen für die Pflegekräfte in deren Heimat Sozialversicherungsbeiträge abführen.

*Die Physiotherapeutin empfiehlt:*
Gerade wenn Sie zu Hause gepflegt werden, sollten Sie immer den Sicherheitsaspekt im Auge behalten. Stürze sind fatal und ziehen eine lange Rekonvaleszenzzeit nach sich. Vorbeugen ist besser, zum Beispiel mit Haltegriffen im Bad oder einem Klappsitz in der Dusche. Überhaupt ist es sehr sinnvoll, die Dusche bodengleich einzubauen.
Stolperfallen wie Teppiche sollten entfernt werden, Bodenbeläge vor allem in Küche, Bad und auf den Treppen sollten rutschfest sein, die Treppen selbst immer gut ausgeleuchtet und mit stabilen, griffigen Handläufen gesichert sein.
Für die Toilette empfehle ich eine Sitzerhöhung (ohne Toilettensitz) auf 50 cm, je nach Körpergröße der Benutzer auch höher. Eine Nachtbeleuchtung auf dem Weg zur Toilette erhöht ebenfalls die Sicherheit.

*M. Humbsch, Physiotherapeutin und Heilpraktikerin*

## Betreute Wohn- und Hausgemeinschaften für Pflegebedürftige

Viele Menschen sträuben sich gegen eine stationäre Einrichtung, sie möchten trotz Pflegebedürftigkeit autonomer und selbstbestimmter leben. Eine Alternative zu einer stationären Einrichtung können die ambulant betreuten Wohn- und Hausgemeinschaften für Pflegebedürftige sein. Hier leben meist sechs bis zwölf Menschen zusammen. Einige dieser betreuten Wohngruppen sind speziell für Menschen mit Demenz eingerichtet worden, es gibt aber auch Gruppen für pflegebedürftige Senioren. In den Wohngruppen hat in der Regel jeder sein eigenes Zimmer, Küche und Sanitärräume werden gemeinsam benutzt. Der Haushalt wird von Betreuungskräften organisiert, die sich unter Umständen auch 24 Stunden am Tag in der Wohngemeinschaft aufhalten. Pflegekräfte kümmern sich im Rahmen der ambulanten Pflegeeinsätze um die Pflege der Bewohner. Jeder versucht am Gemeinschaftsleben teilzunehmen und sich in das Alltagsleben einzubringen, so weit es ihm möglich ist. Ambulante Wohn- und Hausgemeinschaften für pflegebedürftige Menschen müssen von engagierten Angehörigen mitgetragen und gesteuert werden.



## Die vollstationäre Senioreneinrichtung

Wer so viel Pflege und Betreuung benötigt, dass sie nicht mehr zu Hause erbracht werden kann, sollte in eine vollstationäre Senioreneinrichtung umziehen. Zwar ist diese Wohnform nicht besonders beliebt, denn viele Menschen befürchten den Verlust ihrer persönlichen Freiheit und ihrer Selbstbestimmung, aber oft ist eine Versorgung in einer Senioreneinrichtung eine große Erleichterung und auch eine Entlastung für die Angehörigen. Die Kosten sind recht hoch und je nach Pflegestufe unterschiedlich, aber dafür gibt es eine Vollversorgung sowie pflegerische und medizinische Hilfe rund um die Uhr. Die Betreuung umfasst Unterkunft – meist im Einzelzimmer –, Verpflegung, soziale Betreuung in Form von tagesstrukturierenden Angeboten oder Freizeitgestaltung und Pflege. Es werden in einigen Einrichtungen auch noch Doppelzimmer angeboten, die für Paare gut geeignet sind, aber auch für Menschen, die nicht alleine in einem Zimmer leben wollen. Doppelzimmer galten noch in den 1980er-Jahren als ein Optimum und wurden auch in diesem Rahmen finanziert, sodass viele Senioreneinrichtungen aus dieser Zeit viele Doppelzimmer vorhalten. In einigen Bundesländern ist die Zahl der Einzelzimmer durch neuere Gesetzgebung quotiert worden, in Nordrhein-Westfalen zum Beispiel mit 80 Prozent, sodass die Einrichtungen durch Umbaumaßnahmen diese gesetzlichen Vorgaben nach und nach erfüllen müssen. In kleineren, moderneren Heimen gibt es mitunter auch Wohngruppen – erkundigen Sie sich ausführlich und achten Sie sowohl auf die Betreuungs-, Beschäftigungs- und Versorgungsangebote als auch auf die Personalausstattung (siehe die folgende Checkliste).

Wenn Sie oder Angehörige beabsichtigen, in eine vollstationäre Senioreneinrichtung zu ziehen, sollten Sie sich über folgende Punkte rechtzeitig Gedanken machen:

- Wer ist der Träger der infrage kommenden Einrichtung? Es gibt öffentliche Träger wie Städte und Gemeinden, kirchliche und gemeinnützige Träger wie Wohlfahrtsverbände. Dazu kommen noch privat-gewerbliche Unternehmen.
- Ist das Haus von den Pflegekassen und Sozialhilfeträgern zugelassen? Wenn nicht, bleiben Sie zu einem großen Teil auf Ihren Kosten sitzen!
- Was kosten Unterbringung/Verpflegung und Pflege im Monat?

Die Pflegekasse zahlt, je nach Pflegestufe, nur einen Teil der Gesamtkosten.

- Wie viele Mitarbeiterinnen und Mitarbeiter kümmern sich um wie viele Bewohner? Wie ist deren Qualifikation? Werden ausgebildete Altenpflegerinnen und Altenpfleger beschäftigt?
- Können Sie in der von Ihnen bevorzugten Einrichtung weiterhin Ihre Hobbys ausüben? Wenn Sie ein Instrument spielen, könnten sich andere Bewohner gestört fühlen oder – ganz im Gegenteil – sich über die Unterhaltung freuen.
- Wie ist das Freizeitangebot? Werden kulturelle Abende angeboten, kreative Kurse, Literaturzirkel, Musikveranstaltungen? Werden sportliche Aktivitäten gefördert, gibt es ein Schwimmbad, einen Fitnessraum?
- Sie haben ein Haustier und möchten sich nicht von diesem trennen? Leider es nicht immer und überall möglich, ein eigenes Haustier mitzubringen. Dieser Punkt muss unbedingt rechtzeitig angesprochen und vertraglich geregelt werden.
- Wie sind die Betreuungsleistungen? Gibt es eine besondere medizinische Betreuung, therapeutische Einrichtungen, einen Physiotherapeuten im Haus?
- Haben Sie die Möglichkeit zum Probewohnen, also das Haus näher kennenzulernen?
- Wie alt ist das Haus, wie gut oder weniger gut ist es ausgestattet? Dies betrifft Heiz- und Lüftungsmöglichkeiten, Isolierungen, Aufzüge/Treppen, die Beschaffenheit der Fußböden, die Art und Anzahl der Gemeinschaftsräume, die Zugänglichkeit aller Haus- und Gartenteile mit einem Rollator oder Rollstuhl.
- Wie laut ist es in dem Haus? Alte Menschen hören oft schlecht – in einem schlecht geräuschgedämmten Haus ist dann auch der Fernseher im übernächsten Zimmer zu hören.
- Wie wird die ärztliche Versorgung sichergestellt? Eine freie Arztwahl muss gewährleistet werden.

*Hier geht es um Ihr Geld!*

Besonders wichtig: Was kostet das Ganze und was ist im Preis inbegriffen? Die Kosten richten sich nach dem Grad der Pflegebedürftigkeit, die Heime dürfen nur das berechnen, was zwischen ihnen und den Pflegekassen und den Sozialhilfeträgern ausgehandelt wurde. Bei Pflegebedürftigkeit übernimmt die Pflegekasse die Kosten für die Pflege im Rahmen der gesetzlich vorgesehenen betragsmäßigen Höchstgrenzen.

Können Sie die darüber hinausgehenden Kosten nicht aus Ihrem eigenen Einkommen bezahlen, kann ein Zuschuss (Sozialhilfe, je nach Bundesland eventuell Pflegewohngeld) beim zuständigen Sozialamt beantragt werden. Auskünfte hierüber erteilen die Sozialämter.

*Guter Rat ist nicht teuer*

Selbst wenn Sie sich ausführlich umgehört haben, vielleicht sogar schon zur Probe gewohnt haben, ist es oft schwierig, eine Entscheidung für die Zukunft zu treffen.

Folgende Institutionen können Sie beraten:

*Heimaufsicht*

Zur Abklärung ganz persönlicher Fragen und zur Lösung von Problemen steht die Heimaufsicht zur Verfügung. Die Heimaufsicht ist eine Behörde, die mit der staatlichen Aufsicht über alle Heime beauftragt ist. Zu ihren Aufgaben gehört auch die Beratung und Information der Bewohnerinnen und Bewohner.

Die Heimaufsicht hat außerdem die Einhaltung der Vorschriften des Heimgesetzes bzw. der neuen Ländergesetze und deren Rechtsverordnungen zu überwachen, Interessierte zu beraten, Missständen entgegenzutreten und Mängel zu beseitigen.

*Seniorenvertretungen*

Auch die örtlichen Seniorenvertretungen beraten Sie gerne.

Die Bundesinteressenvertretung und Selbsthilfeverband der Bewohnerinnen und Bewohner von Altenwohn- und Pflegeeinrichtungen (BIVA) e. V. (siehe S. 125 f.) berät die Heimbeiräte und Heimfürsprecher bei der Wahrnehmung ihrer Aufgaben und ihre Mitglieder bei Einzelproblemen. Außerdem steht sie in ständigem Kontakt zu staatlichen Stellen, die für die Heimgesetzgebung und ihre Umsetzung zuständig sind. Deshalb empfiehlt sich eine Mitgliedschaft in einem eigenen Interessenverband für jeden Heimbewohner/jede Heimbewohnerin und alle Interessenten.



*Das Internet*

Auf der Webseite www.heimverzeichnis.de kann man sich einen Überblick über das Angebot an stationären Senioreneinrichtungen verschaffen. Die Einrichtungen werden nach Lebensqualität und Verbraucherfreundlichkeit beurteilt. Ehrenamtliche, geschulte Gutachter überprüfen die Einrichtungen. Das Heimverzeichnis ist unabhängig, es wird von der BIVA herausgegeben.

Weitere Informationen finden sich im Internet unter den Stichworten Altenheim, Seniorenheim oder Pflegeheim, die Sie über Suchmaschinen eingeben können.

*Gedrucktes*

In den Branchenfernsprechbüchern, den sogenannten Gelben Seiten, finden sich Telefonnummern zu den Stichwörtern Altenheim, Seniorenheim, Pflegeheim. Im Buchhandel gibt es informative Bücher mit Altenheimadressen, und nicht zuletzt hat das Bundesministerium für Familie, Senioren, Frauen und Jugend einige sehr gute Broschüren herausgegeben. Die Bezugsadressen finden Sie im Anhang.

Nähere Informationen zum Heimgesetz, das die rechtlichen Beziehungen zwischen dem Heimträger und Ihnen regelt, finden Sie in den Kapiteln 3 und 8.

Zum Thema „Pflege“ finden Sie weitergehende Informationen mit rechtlichen und finanziellen Hintergründen in „Pflegebedürftig. Der Ratgeber“ von Uwe Wolfs, erschienen im alcorde verlag (siehe auch Anzeige am Ende des Buchs).

Für die Links sowie für den Download von weiterführenden Informationen und Publikationen siehe auch unsere Verlagswebseite:

➤ www.alcorde.de/service/links-und-downloads

10

# Anhang

# Adressen und Links

## *Zu Kapitel 1:*
## *Barrierefrei ins Alter – machen Sie Ihr Haus seniorengerecht*

Informationen zu altersgerechtem
Haus-/Wohnungsumbau:

GGT – Deutsche Gesellschaft für
Gerontotechnik® mbH
Max-Planck-Straße 5
58638 Iserlohn
Telefon (0 23 71) 95 95-0
Telefax (0 23 71) 95 95-20
info@gerontotechnik.de
www.gerontotechnik.de
www.komfort-und-qualität.de

Bundesarbeitsgemeinschaft
Wohnungsanpassung
Mühlenstraße 48
13187 Berlin
Telefon (0 30) 47 47 47 00
www.wohnungsanpassung-bag.de
(führt zu vielen weiteren Adressen)

Bauliche Maßnahmen zum Schutz vor
Einbruch und Diebstahl:

www.polizei-beratung.de → Themen und Tipps
→ Diebstahl und Einbruch

## *Zu Kapitel 2:*
### *Sie bauen um – lassen Sie sich dabei helfen*

Informationen zu staatlichen Projekten:

Bundesministerium für Verkehr,
Bau und Stadtentwicklung
www.bmvbs.de

Informationen zu Krediten:

Kreditanstalt für Wiederaufbau
KfW-Infocenter
Telefon (08 00) 5 39 90 02
Telefax (0 69) 74 31-95 00
www.kfw.de

## *Zu Kapitel 3:*
### *Betreutes Wohnen*

Heimgesetz:

Bundesministerium für Familie, Senioren, Frauen
und Jugend
11018 Berlin
Servicetelefon: (01 80) 1 90 70 50
www.bmfsfj.de → Service → Publikationen

Allgemeine Informationen:

Bundesarbeitsgemeinschaft der Senioren-
Organisationen (BAGSO)
Bonngasse 10
53111 Bonn
Telefon: (02 28) 24 99 93 11
Telefax: (02 28 ) 24 99 93 20
E-Mail: kontakt@bagso.de
www.bagso.de

Bundesinteressenvertretung der
Nutzerinnen und Nutzer von Wohn- und
Betreuungsangeboten im Alter und bei
Behinderung e. V. (BIVA)
Vorgebirgsstraße 1
53913 Swisttal
Telefon: (0 22 54) 70 45
E-Mail: info@biva.de
www.biva.de



## *Zu Kapitel 4:*
### *Endlich Rente – für immer Urlaub?*

Kranken- und Pflegeversicherung bei
Leben im Ausland:

GKV-Spitzenverband
Deutsche Verbindungsstelle Krankenversicherung
– Ausland DVKA
www.dvka.de → Kontaktadressen
→ Verbindungsstellen Krankenversicherung im
Ausland

Seniorenresidenzen in Spanien:

Evangelisches Johanneswerk
www.johanneswerk.de

Senioreneinrichtungen im Ausland allgemein:

www.immoscout24.de → Seniorenwohnen
→ Wohnen im Ausland

## *Zu Kapitel 5:*
### *Wohngemeinschaften und alternative Wohnformen*

Allgemeine Informationen:

Forum gemeinschaftliches Wohnen e. V.
Hildesheimer Str. 20
30169 Hannover
Telefon (05 11) 4 75 32 53
Telefax: (05 11) 4 75 35 30
E-Mail: info@fgw-ev.de
www.fgw-ev.de

www.immobilienscout.de
Rubrik Senioren-Wohngemeinschaften:
www.immobilienscout24.de → suchen
→ Seniorenwohnen

www.wohnprojekte-portal.de
www.neue-wohnformen.de
www.wohnprojekte-vz.de

Freie Plätze in Wohngemeinschaften:

www.pluswgs.de

HaGeF – Hausgemeinschaft für Frauen:

Esslinger Wohnungsbau GmbH
Plochinger Straße 24/1
73730 Esslingen am Neckar
Telefon: (07 11) 93 18 84-0
Telefax: (07 11) 93 18 84-44
E-Mail: info@ewb-esslingen.de oder
Frau Haslimann, c.haslimann@ewb-es.de
Internet: www.ewb-es.de

Beginenhof Berlin-Kreuzberg:

Beginenhof Kreuzberg
Erkelenzdamm 51
10999 Berlin
Telefon: (030) 6 15 91 77
E-Mail: info@beginenwerk.de
www.beginenwerk.de

## *Zu Kapitel 6:*
### *Mehrgenerationenhaus oder Seniorendorf?*

10

Allgemeine Informationen:

www.mehrgenerationenhaeuser.de

Wohnprojekt mikado, Gerlingen:

Wohngenossenschaft pro...
gemeinsam bauen und leben eG
Haußmannstraße 6
70188 Stuttgart
Telefon: (07 11) 2 34 81 62
Telefax: (07 11) 4 70 48 82
E-Mail: info@pro-wohngenossenschaft.de
Internet: www.pro-wohngenossenschaft.de

WohnArt eG Bad Kreuznach:

WohnArt eG
Eva-Maria Knauthe (Vorstandsmitglied und Bewohnerin im 1. Bauabschnitt)
Richard-Wagner-Straße 64
55543 Bad Kreuznach
Telefon: (06 71) 97 04 39 39
E-Mail: info@wohnart-kreuznach.de
Internet: www.wohnart-kreuznach.de

Baugemeinschaft Buchhorst-Garten:

Eich-Oppen-Pohlandt GbR
Altersgerechtes Wohnen
Elbholz 2
29471 Gartow
Telefon: (0 58 46) 15 83
E-Mail: info@buchhorst-garten.de
Internet: www.buchhorst-garten.de

Senioren-Wohnpark am Heideweg, Meppen:

Gebr. Wulf GmbH & Co. KG
Nicolaus-Augustin-Straße 10
49716 Meppen
Telefon: (0 59 31) 1 75 12
Telefax: (0 59 31) 1 30 86
E-Mail: info@wulf-meppen.de
Internet: www.seniorenwohnpark-am-heideweg.de

## *Zu Kapitel 7:*
### *Wohnen und Leben im Quartier*

Klostergarten Kevelaer:

Caritasverband Geldern-Kevelaer e. V.
Klostergarten 1
47623 Kevelaer
Telefon: (0 28 32) 9 77 38-0
www.caritas-geldern.de

Das Dorf in Mülheim an der Ruhr:

Theodor Fliedner Stiftung
Fliednerstraße 2
45481 Mülheim an der Ruhr
Telefon: (02 08) 48 43-0

Telefax: (02 08) 48 43-105
E-Mail: info@fliedner.de
Internet: www.fliedner.de

## *Zu Kapitel 8:*
### *Seniorenwohnheime, Seniorenresidenzen*

Allgemeine Informationen:
www.heimverzeichnis.de
www.altenhilfe-deutschland.de



BIVA e. V.
Vorgebirgsstraße 1
53913 Swisttal
Telefon: (0 22 54) 70 45
Telefax: (0 22 54) 70 46
E-Mail: info@biva.de
www.biva.de

## *Zu Kapitel 9:*
### *Pflege zu Hause oder in einer stationären Einrichtung?*

Haushaltshilfen:
Minijob-Zentrale
Telefon: (03 55) 29 02-7 07 99
Telefax: (02 01) 3 84-97 97 97
Internet: www.minijob-zentrale.de

Bundesarbeitsgemeinschaft der Freiwilligenagenturen
Potsdamer Straße 99
10785 Berlin
Telefon: (0 30) 20 45 33 66
E-Mail: bagfa@bagfa.de
www.bagfa.de

Hilfskräfte aus Osteuropa:

ZAV (Zentrale Auslands- und Fachvermittlung
der Arbeitsagenturen)
Telefon: (02 28) 7 13 15 70

Hausnotruf:

Bundesverband Hausnotruf
www.bv-hausnotruf.de

Informationen über Pflegeheime:

BIVA e. V.
Vorgebirgsstraße 1
53913 Swisttal
Telefon: (0 22 54) 70 45
Telefax: (0 22 54) 70 46
E-Mail: info@biva.de
www.biva.de

Für die Links sowie für den Download von weiterführenden Informationen und Publikationen siehe auch unsere Verlagswebseite:

➤ www.alcorde.de/service/links-und-downloads

## Leserstimmen zum Buch

„Ein sehr einfühlsam und klug konzipiertes Handbuch zum Thema Pflege – umfassend, gut strukturiert, übersichtlich und vor allem leicht verständlich geschrieben. Pflichtlektüre für jeden, der Angehörige pflegt, mit Pflegediensten oder -heimen Berührung hat oder sich schnell einen Überblick über das Thema Pflege (und was alles dazu gehört) verschaffen möchte."

*Tobias Hoffmann, Medizinjournalist, Hamburg*

„Wir finden den Ratgeber für die Zielgruppe Angehörige und Betroffene sehr gut geeignet. Er ist in verständlicher Sprache und übersichtlicher Aufteilung verfasst."

*Petra Knirsch, Leiterin Fachseminar für Altenpflege, Bethel*

„Das Buch ist sehr verständlich und die Beispiele gut gewählt und nachvollziehbar."

*Barbara Matina, Leitung Fachseminar für Altenpflege, Paderborn*

„Vom Aufbau und der Gestaltung her gefällt mir das Buch sehr gut – ich halte es als Grundlektüre für Betroffene und Angehörige für sehr geeignet, da es alle relevanten Themen rund um das Thema Pflegebedürftigkeit thematisiert – Gratulation!"

*Michael Haas, Dipl.-Pflegepädagoge, Fachseminarleiter, Minden*

„Besonders gut finde ich die angegebenen Fallbeispiele mit den zugehörigen Handlungsschritten ... Ich habe den Ratgeber bereits mehrfach empfohlen."

*Gabriele Scholz, Leiterin Berufsfachschule für Altenpflege, Nürnberg*

„Ich glaube, es kann nicht schaden, sich schon früh genug dem Thema zu widmen. Mir gefällt das Buch, weil es auf einfache Weise informiert. So habe ich endlich ein Buch, das ich mit gutem Gewissen betroffenen Angehörigen empfehlen kann."

*Giorgio Seibel, Altenpfleger und Pflegedienstleister in Haan*

*Impressum*


Lektorat: Hans-Joachim Pagel, Essen
Einbandgestaltung: Volker Pecher, Essen
Foto: contrastwerkstatt / Fotolia.com
Schrift: Candara 10,5 / 14
Papier: 115 g/qm Munken Cream 1,5 fach
Gesamtherstellung: Griebsch & Rochol Druck, Hamm
ISBN-13: 978-3-939973-51-5
www.alcorde.de